T0145899

»Ain christliche Underwisung der Jugend im Glouben«

Der St. Galler Katechismus von 1527
herausgegeben von Frank Jehle

TVZ · VGS

»Ain christliche Underwisung der Jugend im Glouben«

Der St. Galler Katechismus von 1527

herausgegeben von
Frank Jehle

TVZ

Theologischer Verlag
Zürich

VGS

Verlagsgenossenschaft
St. Gallen

Der Herausgeber dankt Christian Moser, Marianne Jehle-Wildberger und Lisa Briner für vielfältige Hilfe, ebenso der Evangelisch-reformierten Kirche des Kantons St. Gallen sowie Elizabeth und Konrad Hummler, Teufen, der Ortsbürgergemeinde St. Gallen und der Gesellschaft Pro Vadiana, St. Gallen, für ihre tatkräftige finanzielle Unterstützung.

Der Theologische Verlag Zürich wird vom Bundesamt für Kultur mit einem Strukturbeitrag für die Jahre 2016–2018 unterstützt.

Bibliografische Information der Deutschen Nationalbibliothek

Die Deutsche Nationalbibliothek verzeichnet diese Publikation in der Deutschen Nationalbibliografie; detaillierte bibliografische Daten sind im Internet über http://dnb.dnb.de abrufbar.

Umschlaggestaltung: Simone Ackermann, Zürich, unter Verwendung einer Abbildung aus »Ein Kalender mitt sinem Nüwen und Stunden [...]«, Zürich: Hans Rüegger, 1508, Bl. J₃verso – Zentralbibliothek Zürich, 5.165:a – http://dx.doi.org/10.3931/e-rara–9328
Satz: Christian Moser, Zürich
Druck: Rosch Buch GmbH, Scheßlitz

ISBN 978-3-290-17927-4: TVZ
ISBN 978–3–7291–1164–6: VGS

© 2017 Theologischer Verlag Zürich, www.tvz-verlag.ch
    VGS Verlagsgenossenschaft St. Gallen, www.vgs-sg.ch

Inhalt

Einleitung

Die Reformation führte in der deutschsprachigen Publizistik zu einer katechetischen Explosion. Nicht nur die heute noch berühmten Leuchttürme wie Martin Luthers »Enchiridion« – bekannter unter der Bezeichnung »Kleiner Katechismus« – von 1529 und, eine Generation später, der »Heidelberger Katechismus« von 1563 entstanden,[1] sondern es fing bereits in den frühen Zwanzigerjahren an. Der deutsche Gelehrte Ferdinand Cohrs berichtet in seinem monumentalen Werk »Die Evangelischen Katechismusversuche vor Luthers Enchiridion«[2] von 39 einschlägigen Publikationen in den Jahren 1522–1529. Offensichtlich verhielt es sich so, dass man bei Beginn der praktischen Durchführung der Reformation sofort die Bedeutung der religiösen Unterweisung der Jugend erkannte, sollte die kirchliche Erneuerung nicht verpuffen.

Sowohl Protestanten als auch Katholiken waren im 16. Jahrhundert oft der Meinung, dass es *vor* der Reformation keine systematische religiöse Unterweisung der Jugend gegeben habe bzw. dass es keine brauche. Der Katholik Theobald Gerlacher in Nördlingen fand den um 1530 neu eingeführten Katechismusunterricht unnötig. Er nannte ihn ein »new gepreng«[3] und sagte, er sei »khain sonderer nutz«. Den jetzt an vielen Orten gehaltenen Ka-

---

1 Als römisch-katholisches Gegenstück ist der »Catechismus minor« des Petrus Canisius von 1558 zu nennen, ebenfalls ein Leuchtturm.
2 Ferdinand Cohrs: Die Evangelischen Katechismusversuche vor Luthers Enchiridion. Bände 1–5. Berlin: A. Hofmann & Comp., 1900–1907. Fortan abgekürzt mit »Cohrs« und Bandzahl.
3 gepreng = Gepränge.

techismusunterricht führte er nicht so sehr auf das Bestreben zurück, die Kinder in den Anfangsgründen des Christentums zu unterweisen, sondern er meinte, er sei eingerichtet »vmb etlicher newen artickel wegen, die diese mas[4] leichter in die Jugent vnd mit mehren ansehen[5] pracht[6] werden könnten«.[7] Luther schrieb bereits 1518 umgekehrt, dass die »Heiden« – und besonders die Juden – die jungen Leute besser als die Christen unterrichten würden.[8] Auch Zwingli warf der vorreformatorischen Kirche vor, den Jugendunterricht zu vernachlässigen.[9]

Es lässt sich jedoch nicht leugnen, dass es bereits *vor* der Reformation Bestrebungen gab, die nachfolgende Generation in den christlichen Glauben einzuführen. Der hier abgebildete Holzschnitt zeigt einen Schulmeister, der zwei Buben unterrichtet (Abb. 1).[10] Der eine hält ein beschriebenes Blatt und der andere ein gedrucktes Buch in der Hand. Rechts erblickt man Maria, die ihren Sohn Jesus zur Schule bringt. Das Jesuskind will dem Lehrer vertrauensvoll die Hand geben. Das Bild dokumentiert, dass das spätmittelalterliche Bildungswesen tief vom Christentum durchformt war.

Vor allem im Zusammenhang mit der Beichte (in erster Linie in der Fastenzeit) examinierten die Priester auch Kinder und Jugendliche, ob sie die Hauptstücke des christlichen Glaubens – Apostolikum, Vaterunser und in vorderster Linie die Zehn Gebote – kannten. In Predigten, die sich an das ganze Volk – Erwachsene *und* Kinder – adressierten, wurde

---

4   diese mas = auf diese Weise.
5   ansehen = Beachtung.
6   pracht = gebracht.
7   Cohrs 4, S. 232. Sprachlich redigiert.
8   Ebenda.
9   Ebenda.
10 Vgl. Arnold Rüegg: Der Kindergottesdienst in der Schweiz mit besonderer Berücksichtigung seiner Entwicklung in Zürich von der Reformation bis in die Gegenwart. Festschrift für den siebenten Welt-Sonntagsschulkongress. Zürich: Buchhandlung der Evangelischen Gesellschaft, 1913, S. 10. Fortan abgekürzt mit »Rüegg«.

Ich han min kind erzogen zart vnd schon
Vnd wolt es gern zů schůl lassen gon
Vnd bit üch durch got vnd ere
Das ir min kind trülich wöllent lere
Liebe frow ich wil es gern leren
Vnd min bestes zů im keren

Abb. 1: Urs Graf: Schulszene (Holzschnitt). In: Ein Kalender mitt sinem Nüwen und Stunden us des hochgelerten Doctor Iohannis Kungspergers Practic unnd sunst vil subtiler Sachen mit vil Figuren als man am nechsten Blatt lütrer Meldung findt, Zürich: Hans Rüegger, 1508, S. 138 (bzw. 134) – Zentralbibliothek Zürich, 5.165:a.

der Dekalog regelmässig eingeschärft. Katechetische Werke entstanden, deren Ziel es war, ihn zu propagieren.[11] Die hier wiedergegebenen Beispiele aus einem Codex in Heidelberg dokumentieren, wie man in plakativer und deshalb haften bleibender Form z.B. das Sabbatgebot sowie die Gebote der Elternehrung und »Du sollst nicht töten« illustrierte.

Auf dem ersten Holzschnitt (Abb. 2) erblickt man links eine Gottesdienstgemeinde, die andächtig der Predigt eines Bettelmönchs folgt. Oben hält ein Engel ein Spruchband: »Du salt feyern den sontag, wenn dirs got wol gelonen mag.« In der rechten Bildhälfte sind es zwei Teufel – der Saufteufel und der Spielteufel –, die zwei Männer von der Sonntagsheiligung abhalten: »Spelet und trinket und gehabet euch wol. Is komet, was do komen sal.«

Auf dem folgenden Bild (Abb. 3) sind die (erwachsenen) Kinder im Begriff, das Gebot der Elternehrung zu erfüllen: »Der Sohn unterstützt den Vater beim Aufstehen, die Tochter speist die Mutter. Der Engel mahnt mit erhobenem Finger: ›Wiltu deyn lang leben meren. So soltu vatir und muter eren.‹ Der Teufel verspottet den Sohn: ›Ach worumme dinstu zu zere.[12] Nu heist man dich doch iunghere.‹[13] Die Überschrift lautet: ›Honora patrem tuum et matrem tuam, exodi XX.‹«[14]

Die Tafel zum Gebot »Du sollst nicht töten« (Abb. 4) »bedarf kaum der Erklärung. Zwei an ihren Stäben und Muschelhüten erkennbare fromme Pilger werden in einem Walde von einem Räuber überfallen, der schon den Einen durchstochen hat, welcher die Hand erhebend warnt. Der Teufel hat den langen Griff des Schwertes mitgefasst und verstärkt, die Zähne fletschend, den Stoss. Der Mörder

---

11 Vgl. Gerhard J. Bellinger: Der erste Cathecismo von 1504 und sein Verfasser Diogo Ortiz de Vilhegas. In: José R. Villar (Hg.): Communio et Sacramentum. Pamplona: Universidad de Navarra, 2003, S. 201–219.

12 dinstu zu zere = dienst du so sehr.

13 iunghere = junger Herr bzw. Junker.

14 Geffken (s. folgende Seite), S. 72f.

Abb. 2: Sabbatgebot – Johannes Geffken: Der Bildercatechismus des fünfzehnten Jahrhunderts und die catechetischen Hauptstücke in dieser Zeit
bis auf Luther 1: Die zehn Gebote. Mit 12 Bildtafeln nach dem Codex
Heidelbergensis 438. Leipzig: Weigel, 1855, Tafel 3. Fortan abgekürzt mit
»Geffken«. Orthografie leicht modernisiert.

Abb. 3: Elternehrung – Johannes Geffken: Der Bildercatechismus des fünfzehnten Jahrhunderts und die catechetischen Hauptstücke in dieser Zeit
bis auf Luther 1: Die zehn Gebote. Mit 12 Bildtafeln nach dem Codex
Heidelbergensis 438. Leipzig: Weigel, 1855, Tafel 4.

Abb. 4: Tötungsverbot – Johannes Geffken: Der Bildercatechismus des
fünfzehnten Jahrhunderts und die catechetischen Hauptstücke in dieser
Zeit bis auf Luther 1: Die zehn Gebote. Mit 12 Bildtafeln nach dem Codex
Heidelbergensis 438. Leipzig: Weigel, 1855, Tafel 5.

scheint verkappt, denn von seinem Gesicht ist nur ein kleiner Teil zu sehen. Auch Schiesswaffen führt er in einer grossen, oben offenen Tasche bei sich. Die anreizenden Worte des Teufels lauten: ›Den und alle seynen gleich / Den stich so wirstu schyre[15] reich.‹ Der herabschwebende [...] Engel warnt vergebens: ›Du salt nicht morden noch stechen. Got will es selbir rechen.‹ Oben das Gebot: ›Non occidas Exodi vicesimo.‹«[16]

* * *

Besonders intensiv wurde die christliche Unterweisung der Jugend bei kirchlichen Randgruppen wie den Böhmischen Brüdern und den Waldensern gepflegt, die in einem wechselseitigen geistigen Austausch miteinander standen.[17] Für die offizielle römisch-katholische Kirche musste es beschämend wirken, »dass die damaligen Sektierer [...] ihre Kinder mit der vollen Kenntnis der christlichen Heilswahrheit ausgestattet und sie in den Stand gesetzt [hatten], jederzeit über ihren Glauben Bericht und klare Auskunft zu geben«.[18] Nach Gerhard von Zezschwitz, der die waldensischen und böhmischen Katechismen mit besonderer Gründlichkeit erforschte, entstand derjenige der Waldenser – »Las interrogacions menors«[19] – um 1498[20] und ist eindeutig von hussitischer Spiritualität beeinflusst. Die älteste erhaltene Auflage des Katechismus der Böhmischen Brüder – »Ein christ-

15 schyre = sehr.
16 Geffken, S. 77.
17 Vgl. Gerhard von Zezschwitz: Die Katechismen der Waldenser und Böhmischen Brüder als Documente ihres wechselseitigen Lehraustausches. Kritische Textausgabe mit kirchen- und literargeschichtlichen Untersuchungen. Erlangen: Verlag von Theodor Bläsing, 1863. (Reprint: Amsterdam, Editions Rodopi, 1967.) Fortan abgekürzt mit »Zezschwitz«. Hier S. 179: »Das allgemeine Factum eines mehrmaligen Lehraustausches zwischen Böhmischen Brüdern und Waldensern im 15. Jahrhundert steht unbestreitbar fest [...].«
18 Rüegg, S. 3. (Orthografisch modernisiert.)
19 Las interrogacions menors (romanisch) = Die kleineren Fragen. Abgedruckt in Zezschwitz, S. 11–38.
20 Zezschwitz, besonders S. 185.

liche untterweysung der klaynen Kinder jm Gelauben, durch ein weyß einer Frag« – datiert von 1522.[21] Gemäss Zezschwitz dürfte er – zusammen mit einem nicht mehr erhaltenen tschechischen Pendant – wohl bereits ein Jahr vorher geschrieben worden sein, also 1521.[22] Sowohl der waldensische Katechismus als auch derjenige der Böhmischen Brüder kann auch heute faszinieren. Beide beeindrucken durch ihren religiösen und theologischen Ernst. Charakteristisch ist die erste Frage – auf Romanisch (der Sprache der Alpentäler in Piemont und Savoyen):»Si tu fosses demandà qui siés-tu? Respond: Yo soy creatura de Dio racional e mortal.«[23] Im Katechismus der Böhmischen Brüder steht:»Was bistu? Antwort: Ein vernunfftige schopfung gottes vnd ein tötliche.«[24] Und so geht es bei den Waldensern weiter:»Dio perque te ha creà? Di. Afin que yo conoissa lui meseyme e cola e havent la soa gracia meseyme sia salvà.«[25]»En que ista la toa salù? Di. En tres vertùs substantials de necessità pertenent a salù.«[26]»Quals son aquellas? Di. Fè, sperancza e carità.«[27] Bei den Böhmischen Brüdern tönt es so:»Warumb beschüff dich gott? A: das ich in solt kennen und liephaben vnd habende die liebe Gottes das ich selig wurdt.«[28] »War auff steht dein seligkayt? A: auff dreyen götlichen tu-

21 Abgedruckt in Zezschwitz, S. 39–58. Ebenfalls publiziert in: Joseph Müller: Die Deutschen Katechismen der Böhmischen Brüder. Kritische Textausgabe mit kirchen- und dogmengeschichtlichen Untersuchungen und einer Abhandlung über das Schulwesen der böhmischen Brüder. Berlin: A. Hofmann & Comp., 1887, S. 9–28. Fortan abgekürzt mit »Müller«. Und noch einmal publiziert in: Traugott Ganz: Der älteste St. Galler Catechism 1527. In: Theologische Zeitschrift aus der Schweiz. XIII. Jahrgang, 1896, Heft 3, S. 139–178. Fortan abgekürzt mit »Ganz«. Orthografiefehler korrigiert. Leider blieb keine frühere Auflage erhalten. Die vorliegende von 1522 wurde gemäss den Wünschen Martin Luthers in der Abendmahlslehre korrigiert. Die Böhmischen Brüder waren ursprünglich keine »orthodoxen« Lutheraner.
22 Zezschwitz, S. 221f.
23 A.a.O., S. 11.
24 A.a.O., S. 41. (Satzzeichen ergänzt.)
25 A.a.O., S. 11.
26 A a. O., S. 12.
27 Ebenda.
28 Zezschwitz, S. 41.

genden.«[29] »Welche seints? A: der glaub, die lieb vnd die hofnung.«[30] Um einen Fachausdruck zu verwenden: Die Katechismen der Waldenser und der Böhmischen Brüder sind »analytische« Katechismen.[31] Sie entfalten in ihren Fragen und Antworten »nichts als das Eine und Ganze des Christseins«.[32] »Ihre Frage war nicht zunächst auf den feststellbaren Gehalt des Glaubens gerichtet, sondern darauf, was der Mensch, was der Christ überhaupt sei.«[33] Auch der in dieser Publikation vorgestellte St. Galler Katechismus gehört zu dieser Gattung.

Es war dies ein anspruchsvolles Programm, zu dem Zezschwitz anmerkt, »dass dieses Buch unmöglich aus praktischem Gebrauch in der Kinderlehre erwachsen und kaum mit dem Blick auf die Praxis gearbeitet sein« könne.[34] Im Zusammenhang mit den Ausführungen über das Abendmahl spricht er sogar von einem »Muster von Unverständlichkeit für Kinder«.[35] Es mag allerdings sein, dass er die Aufnahmefähigkeit der Kinder in diesem speziellen, in sich geschlossenen Milieu unterschätzte.

Die in beiden Katechismen implizierte Frömmigkeit ist zwar »evangelisch«, aber nicht »typisch lutherisch«; Glaube und Liebe sind »unlösbar vermengt«.[36] Das berühmte »sola fide« fehlt. Besonders der Katechismus der Böhmischen Brüder – noch mehr als derjenige der Waldenser – wollte Glaube, Liebe und Hoffnung »in ihrer Verschlungenheit darstellen«.[37] Das Ganze ist von einem ethischen Impetus durchwoben. Nach der Auffassung sowohl der Wal-

---

29 Ebenda.
30 Ebenda.
31 Otto Weber: Der Heidelberger Katechismus, Hamburg: Furche-Bücherei, Band 218, 1963, S. 7. Fortan abgekürzt mit »Weber«.
32 Ebenda.
33 Ebenda.
34 Zezschwitz, S. 219.
35 A.a.O., S. 77.
36 A.a.O., S. 73.
37 A.a.O., S. 74.

denser als auch der Böhmischen Brüder durfte es nicht um einen »toten Glauben«, nicht um einen »Glauben ohne Werke«[38] gehen.

***

Doch zur Entwicklung *nach* der Reformation und besonders in der Schweiz: Die erste für die Unterrichtung der Kinder bestimmte Publikation erschien 1525 in Zürich, und als zweite katechetische Druckschrift wurde 1527 vom St. Galler Rat der St. Galler Katechismus herausgegeben.[39] Zuerst zu Zürich:
Der Zürcher Wandkatechismus[40] (Abb. 5) – »Getruckt zů Zürich durch Christophorum forschover jm MDXXV jar« – wurde wahrscheinlich (wohl auf Zwinglis Veranlassung) von Leo Jud, Pfarrer an St. Peter, redigiert. Das Blatt (»im Original 41 auf 28 Zentimeter«[41]) war dazu bestimmt, dass man es an die Wand hängte. Optisch dominierend sind die Zehn Gebote, dargestellt auf zwei Tafeln, die ein aussergewöhnlich ausdrucksstarker Mose in den Händen hält. Im Vergleich mit der Tradition ist neu, dass Ex 20, wohl in Juds eigener Übersetzung, ungekürzt abgedruckt ist. Den Zürcher Reformatoren war offenbar wichtig, das Bilderverbot nicht zu überspringen, wie das bis dahin (und auch noch in Luthers »Kleinem Katechismus« von 1529) üblich gewesen

---

38 Vgl. Jak 2,17.
39 Das Wort »Katechismus« (wörtlich: Unterricht) als Überschrift für eine derartige Publikation war damals noch nicht gebräuchlich. Zum ersten Mal als Buchtitel wurde es 1504 in Portugal verwendet: Diogo Ortiz de Vilhegas: Cathecismo Pequeno da doctrina & instruiçam que os christaãos ham de creer & obrar pera conseguir a benauenturança eterna feito & copilado pollo reuerendissimo señor dom Dioguo ortiz bispo de çepta. Emprimido com priuilegio del Rey nosso senhor etc. Lisboa 1504. (Vgl. die in Fussnote 11 genannte Publikation von Gerhard J. Bellinger.) Als Buchtitel erscheint »Katechismus« auf Deutsch zum ersten Mal 1528 in Nürnberg. (Bellinger, S. 218f.) Trotzdem verwende ich den Ausdruck hier im heute gebräuchlichen Sinn.
40 Mit einem spektakulären Druckfehler: Statt Ex 20 und Dtn 5 heisst es: »Exod. 5« und »Deut. 20«.
41 Rüegg, S. 12.

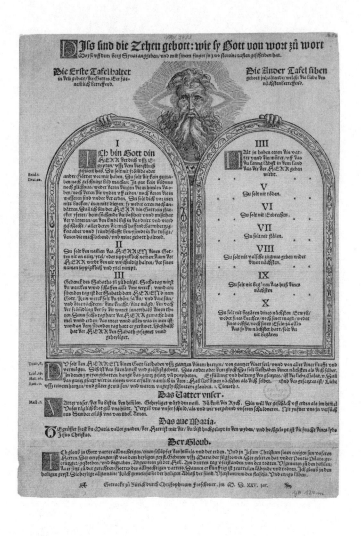

Abb. 5: Zürcher Wandkatechismus von 1525, Zürich: Christoph Froschauer, 1525 – Staatsbibliothek zu Berlin – Preußischer Kulturbesitz, Einbl. YA 134 m.

war. »In seinem Gutachten über den Ittinger Handel (Dezember 1524) erklärte [...] Zwingli ausdrücklich: ›die zehen gebote habend die päpstler zerrissen und sy nit luter[42] und nach dem buchstaben fürgehalten, als sy gott geboten hat, wie's sich hell[43] erfindt Exod. XX‹«.[44] Cohrs vermutet im »Wunsch, dass das Volk in Zukunft die zehn Gebote nicht mehr in der verstümmelten Gestalt lesen und lernen sollte«, den »Hauptbeweggrund« für die Abfassung dieses Wandkatechismus.[45]

Bemerkenswert ist, wie es dann weitergeht – die Gebote im Alte Testament werden vom Neuen Testament her ausgelegt:

»Du solt den HERREN dinen Gott liebhaben usß gantzen dinem hertzen / von gantzer diner seel / vnnd von aller diner krafft vnd vermögen. Diß ist das fürnåmest vnd grössest gebott. Das ander aber dem glych: Du solt liebhaben dinen nåchsten als dich selber. In denen zweyen gebotten hangt das gantz gesatz[46] vnd propheten. Erfüllung vnd haltung des gsatztes / ist die liebe. Galat. v.[47] Dann das gantzt gsatz wirt in einem wort erfüllt / namlich in dem: Hab lieb dinen nåchsten als dich selber. End des gesatztes ist / Liebe usß reinem hertzen / vnd güter gewüssen / vnd warem vngeglychßnetem[48] glouben. 1. Timoth. i.[49]«[50]

Am Rand wird auf die Kapitel in der Bibel Dtn 6, Lev 19, Mt 22 und Röm 13 verwiesen.

42   luter = rein, unverfälscht.
43   hell = deutlich.
44   Cohrs 1, S. 123.
45   Ebenda.
46   gesatz = Gesetz.
47   Gal 5,14.
48   vngeglychßnetem = ungeheucheltem.
49   1Tim 1,5.
50   Cohrs 1, S. 126f.

Angeschlossen sind das Vaterunser, das Ave Maria und das Apostolische Glaubensbekenntnis. Alles in allem sollte dies offenbar das Basiswissen einer christlichen Gemeinde sein. Dass das Ave Maria aufgenommen wurde, zeigt, dass in den Anfangsjahren der Reformation die Marienverehrung noch beibehalten wurde. Der Zürcher Wandkatechismus wurde noch lange immer neu aufgelegt.[51] »Um 1530 erschien [...] eine französische Übersetzung.«[52]

* * *

Der St. Galler Katechismus war ein ehrgeizigeres Projekt. Wie es dazu kam, erzählt das kleine Buch in seinem Vorwort (Abb. 6 & 7):

»Vf den sibenden tag Augstmonadt / im XXVII. jar / ist von klain vnd großen Rädten der statt S. Gallen / beschlossen / vnd / vff jrer Predicanten anzaygen / vnderricht / vnd erbieten[53] / zůgelassen / das hinfür zů den tagen so man die gedåchtnuß des tods Christi / in dem Nachtmal des Herren [/] begangen hat / nach mittags die jugend so ob nün vnd vnder fünffzehen jaren ist / in die grósseren pfarr[54] / namlich gen S. Laurentzen berůfft / vnnd alda von gedachter Kilchen fürgesetzten mit nachuolgenden fragen erindert / vnd jres gloubens rechenschafft zegeben / gelert werde / vnd also nach erhayschung der geschrifft / in gůttem vffzogen[55] vnnd mit verstand an den Herren gewisen: diewyl vnnd[56] sy in Christi vnserem hayland getoufft / vnd sines lybs gewüsse mitglider sind. Vff sóliches ayn erbarer Radt hie mit die Elteren jrer statt vnd grichten ermant haben will / damit sy

51 A.a.O., S. 124, werden die Jahrzahlen 1586, 1587 und 1656 genannt.
52 Ebenda.
53 vff jrer Predicanten anzaygen / vnderricht / vnd erbieten = auf Antrag der Pfarrerschaft.
54 pfarr = Pfarrkirche.
55 vffzogen = auferzogen.
56 vnnd = auch.

Uf den sibenden tag Augstmonadt / im XXVII. jar / ist von klain vnd grosfen Räuten der statt S. Gallen / beschlossen / vnd / vff irer predicanten anzaygen / vnderricht / vnd erbietē / zügelassen / das hinfür zū den tagen so mā die gedächtnuß des tods Christi / in dem Nachtmal deß Herrē begangen hat / nach mittags die juged so ob nün vnd vnder fünffzehen jarē ist / in die grösseren pfarr / nälich gen S. Laurentzen berüfft / vnnd alda von gedachter kilchen fürgesetzten mit nachuolgenden fragen erindert / vn jres gloubens rechenschafft zegeben / gelert werde / vnd also nach erhayschung der geschrifft / in gütem vffzogen vnnd mit verstand an den Herren gewisen: diewyl vnnd sy in Christi vnserem hayland getoufft / vn sines lybs gewüsse mitglider sind. Uff söliches ayn erbarer Radt hie mit die Elteren jrer statt vn grich=

A ij

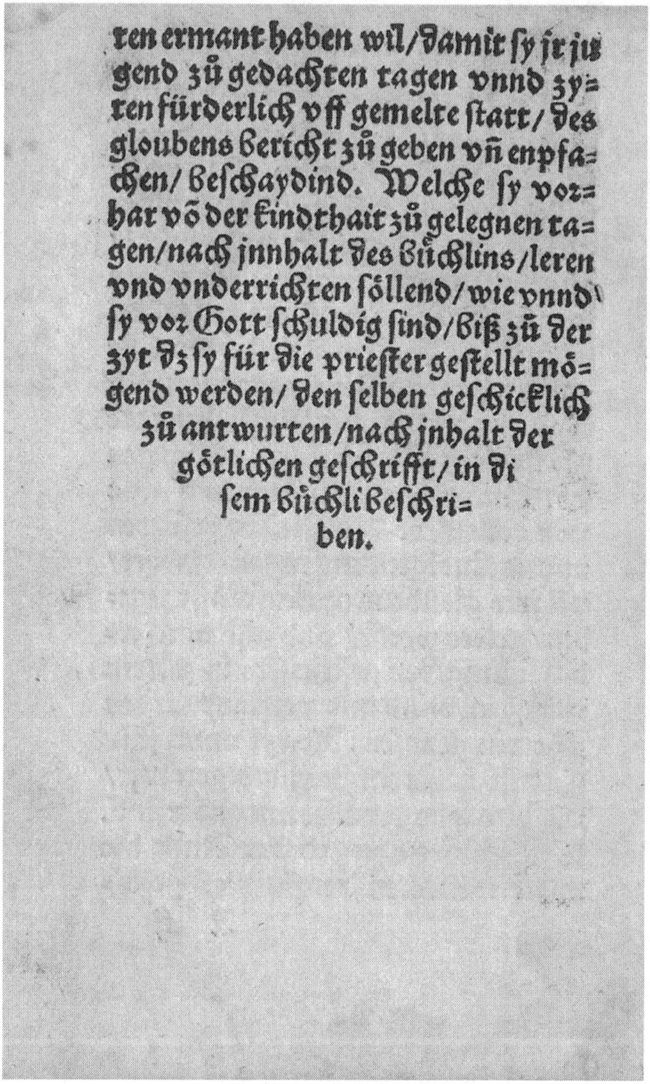

ten ermant haben wil/damit sy ir ju=
gend zů gedachten tagen vnnd zy=
ten fürderlich vff gemelte statt/des
gloubens bericht zů geben vñ enpfa=
chen/beschaydind. Welche sy vor=
har võ der kindthait zů gelegnen ta=
gen/nach jnnhalt des Büchlins/leren
vnd vnderrichten söllend/wie vnnd
sy vor Gott schuldig sind/biß zů der
zyt dz sy für die priester gestellt mö=
gend werden/den selben geschicklich
zů antwurten/nach jnhalt der
götlichen geschrifft/in di
sem Büchli beschri=
ben.

Abb. 7: Vorwort des St. Galler Katechismus von 1527, Bl. A2v.

jr jugend zů gedachten tagen vnnd zyten fürderlich vff
gemelte statt / des gloubens bericht zů geben vnd enpfa-
chen / beschaydind[57]. Welche sy vorhar von der kindthait
zů gelegnen tagen / nach jnnhalt des bůchlins / leren vnd
vnderrichten sôllend / wie vnnd sy[58] vor Gott schuldig
sind / biß zů der zyt d[a]z sy für die priester[59] gestellt
môgend werden / den selben geschicklich zů antwurten /
nach jnhalt der gôttlichen geschrifft / in disem bůchli be-
schriben.«[60]

Diese Angaben fügen sich gut in die St. Galler Stadt- und
Kirchengeschichte des Jahres 1527 ein.[61] Nachdem die Reformation besonders im Jahr 1525 wegen der Täuferunru-
hen vorübergehend ins Stocken geraten war, wurde die Erneuerung der Kirche im Jahr 1527 kräftig vorangetrieben.
Das evangelische Abendmahl wurde zum ersten Mal an
Ostern 1527 gefeiert. Dazu passt, dass der Rat am 7. August des gleichen Jahres Vorschriften für die religiöse Unterweisung der Jugend erliess –»diewyl vnnd sy in Christi
vnserem hayland getoufft / vnd sines lybs gewüsse mitglider
sind« – und bei Christoph Froschauer in Zürich einen Katechismus (die erste derartige Publikation der reformierten
Schweiz) drucken liess. Wie das Vorwort zeigt, war es nach
Auffassung des Rats in erster Linie die Aufgabe der Eltern,
ihre Kinder in den Katechismus einzuführen. Zusätzlich

57 vff gemelte statt ... beschaydind = zu den dafür vorgesehenen Tagen und Zeiten
    an den angegebenen Ort schicken, damit sie über den Glauben Rechenschaft
    ablegen und sich darin unterweisen lassen können.
58 wie vnnd sy = wie auch sie.
59 Die Begriff Priester wurde 1527 noch als Amtsbezeichnung für die Pfarrer ge-
    braucht. Erst später grenzte man sich an diesem Punkt von der römisch-ka-
    tholischen Kirche ab.
60 Vgl. unten S. 52. Bibliografische Angaben in Fussnote 1 auf S. 51.
61 Man vergleiche dazu allgemein: Marianne und Frank Jehle: Kleine St. Galler
    Reformationsgeschichte. Zürich: TVZ, ³2006. Wichtige Einzelheiten finden
    sich in: Theodor Wilhelm Bätscher: Kirchen- und Schulgeschichte der Stadt St.
    Gallen. Erster Band. St. Gallen: Tschudy-Verlag, 1964. Fortan abgekürzt mit
    »Bätscher«. Und: Alfred Ehrensperger: Der Gottesdienst in der Stadt St. Gallen
    und in den fürstäbtischen Gebieten vor, während und nach der Reformation.
    Zürich: TVZ, 2012. Fortan abgekürzt mit »Ehrensperger«.

wurde aber gemäss Johannes Kesslers »Sabbata« auch der Pfarrerschaft eine neue Aufgabe übertragen: Damit die junge Generation den Katechismus nicht nur buchstäblich dem Wortlaut nach auswendig lerne, sondern seinen Inhalt wirklich verstehe, habe man am Sonntagnachmittag um drei (zu der Zeit, zu der früher die Vesper gesungen worden sei) für die Jugend eine Predigt oder Lektion neu eingeführt, um das »bůchli« »von einer Frag an die anderen ze ercleren und ußzelegen«.[62] Immer an den Abendmahlssonntagen (Weihnachten, Ostern und Pfingsten und wohl einmal im Herbst)[63] sollten die Pfarrer die neun- bis fünfzehnjährigen Kinder in der Stadtkirche St. Laurenzen zusammenrufen und ein Examen über den christlichen Glauben durchführen. Wenn auch ohne einen eigentlichen Katechismus, hatte Zwingli 1521/22 einen ähnliche Weg beschritten. In seiner Schrift »Uslegen und gründ der Schlußreden« vom 19. Januar 1523 heisst es, »dass man jährlich zu Ostern und im Herbst bzw. Weihnachten die Kinder versammle und vor Jahresfrist damit begonnen habe«.[64] Analoge Bestrebungen gab es auch anderswo. »Am 1. April 1529 werden Kinderlehren in Basel angeordnet.«[65]

62 Johannes Kesslers Sabbata mit kleineren Schriften und Briefen unter der Mitwirkung von Prof. Dr. Emil Egli und Prof. Dr. Rudolf Schoch in Zürich herausgegeben vom Historischen Verein des Kantons St. Gallen. St. Gallen: Fehr'sche Buchhandlung, 1902, S. 249.

63 Dass das Abendmahl, bei dem die ganze Gemeinde aktiv teilnahm, drei- bis viermal im Jahr gefeiert wurde, war damals revolutionär. Vor der Reformation pflegte das Kirchenvolk nur einmal im Jahr – an Ostern – zu kommunizieren. Nach: Cohrs 4, S. 236.

64 Nach: Cohrs 4, S. 236. (Orthografie modernisiert.)

65 Cohrs 4, S. 253. – Ein weiterer Ratsbeschluss datiert in Basel vom 16. Juni 1534: »Alle vier Wochen, also einmal im Monat, sollen die Prädikanten alle jungen Knaben und Töchter von über 6 und bis 15 Jahren am Sonntag Nachmittag in die Kirche gehen lassen und im christlichen Glauben, besonders im Gebet, unterrichten. Bisher geschah das nur einmal in der Fronvasten. Die Eltern sollen die Kinder dazu anleiten bei Strafe von einem Pfund. Untervögte, Geschworene und Bannherren sollen darauf achten, dass die Kinder hingehen, und Ungehorsame strafen und anzeigen.« Walther Köhler: Zürcher Ehegericht und Genfer Konsistorium 1. Das Zürcher Ehegericht und seine Auswirkung in der deutschen Schweiz zur Zeit Zwinglis. Leipzig: Verlag von M. Heinsius Nachfolger, 1932, S. 299. Fortan abgekürzt mit »Köhler«.

Wer den St. Galler Katechismus redigierte, ist nicht überliefert. Vieles spricht dafür, dass Dominik Zili federführend war.[66] Im Jahr 1527 war er nicht nur der städtische Schulmeister, sondern auch Eherichter,»Leser« in St. Laurenzen (später wurde er Pfarrer an dieser Kirche) und Mitglied der vom Rat eingesetzten Reformationskommission. Dass es ihm zuzutrauen ist, dass er sich für Publikationen wie einen Katechismus einsetzte, zeigt sein Kirchengesangbuch von 1533. Seine sich heute in der Kantonsbibliothek Vadiana befindende Privatbibliothek erweist ihn als hoch gebildeten Humanisten und Theologen. Zur Tatsache, dass der St. Galler Katechismus auf ein Vorbild der Böhmischen Brüder zurückgeht, passt gut, dass Zili auch in sein Kirchengesangbuch Lieder aus der Tradition dieser Gruppe aufnahm. »Fast alle Glaubenslieder im neutestamentlichen Teil [des Gesangbuchs] sind dem von Michael Weisse herausgegebenen Gesangbuch der Böhmischen Brüder entnommen.«[67] Zili wusste sich offensichtlich der bei diesen gepflegten Spiritualität eng verbunden.

Es lohnt sich, das Titelblatt (Abb. 8) eingehender zu betrachten:»Ain Christliche vnderwisung der Jugend jm Glouben / gegründt in der hailigen geschrifft / fragens wyß.« Fast wörtlich wurde die Überschrift – wie ja das Meiste im Katechismus – von demjenigen der Böhmischen Brüder übernommen, wo sie lautet:»Ein christliche untterweysung der klaynen Kinder jm Gelauben, durch ein weyß einer Frag.«[68] Ein neuer Akzent wird durch den Zusatz »gegründt in der heiligen geschrifft« gesetzt, worin sich das reformatorische»sola scriptura« spiegelt.

66 Vgl. Dominik Zili: Zu Lob und Dank Gottes. Das St. Galler Kirchengesangbuch von 1533, herausgegeben von Frank Jehle. St. Gallen und Zürich: VGS und TVZ, 2010, S. 74–77. Fortan abgekürzt mit»Zili«. Vgl. auch: Frank Jehle: Artikel»Zili, Dominik« in Historisches Lexikon der Schweiz, http://www.hls-dhs-dss.ch/textes/d/D46415.php (24. Juli 2015). (In diesem Artikel muss ein Fehler berichtigt werden: Der dort erwähnte Gottesdienst im Gallusmünster fand nicht am 7. März 1527, sondern am 7. März 1529 statt.)
67 Zili, S. 77.
68 Müller, S. 4.

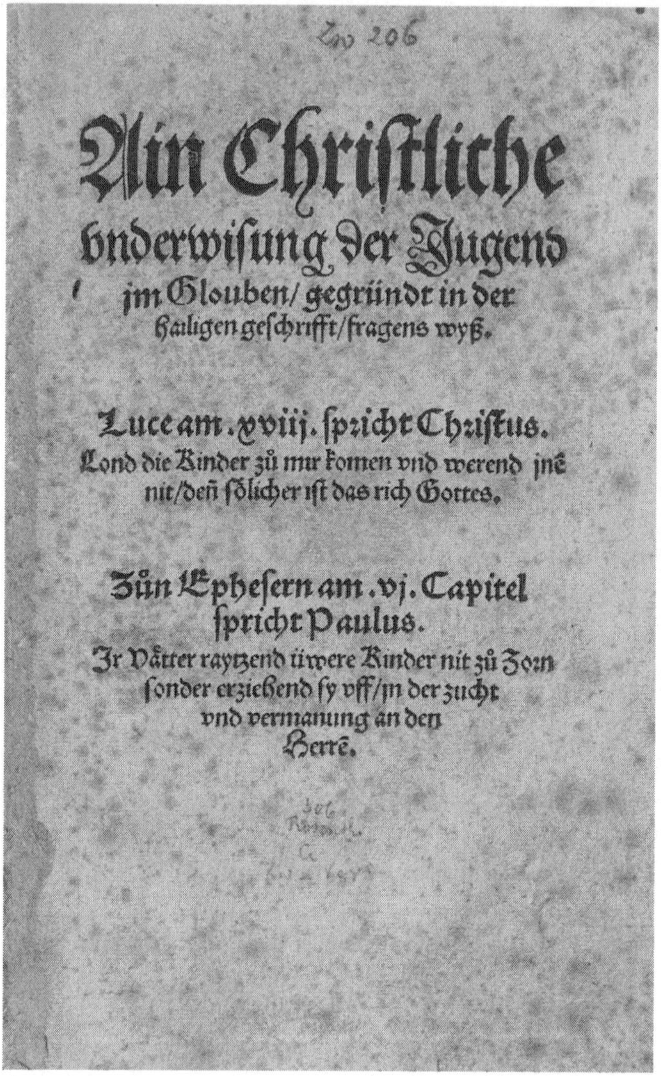

Ain Chriſtliche

bnderwiſung der Jugend

im Glouben/ gegründt in der
haligen geſchrifft/fragens wyß.

Luce am .xviij. ſpricht Chriſtus.
Lond die Kinder zů mir komen vnd werend jnē
nit/deñ ſölicher iſt das rich Gottes.

**Zůn Epheſern am .vj. Capitel
ſpricht Paulus.**
Ir Vätter raytzend üwere Kinder nit zů Zom
ſonder erzießend ſy vff/in der zucht
vnd vermanung an den
Herrē.

Abb. 8: St. Galler Katechismus 1527, Titelblatt – Zentralbibliothek Zürich, Signatur Zwingli 206.

26

Das biblische Motto Lk 18,16 – »Lond die Kinder zů mir komen vnd werend jnen nit / denn sôlicher ist das rich Gottes« (nicht gemäss der Lutherübersetzung, sondern in oberdeutscher Schriftsprache) – findet sich vereinzelt auch in früheren derartigen Publikationen.[69] (Andere biblische Mottos kommen gelegentlich ebenfalls vor.[70])

Das zweite Motto des St. Galler Katechismus, Eph 6,4 – »Jr Vätter raytzend üwere Kinder nit zů Zorn [/] sonder erziehend sy uff / in der zucht vnd vermanung an den Herren« – ist in der damaligen Zeit einmalig und offensichtlich ein St. Galler Fund. Eine auffallend kinderfreundliche Haltung wird hier sichtbar. Die Väter (und natürlich auch die Mütter sowie die Schulmeister und Pfarrer) sollen die Kinder nicht »zum Zorn reizen«, sie nicht in die Opposition treiben und widerspenstig machen. Wie wenig selbstverständlich das im 16. Jahrhundert war, belegt ein Vorfall im Jahr 1532 im ebenfalls reformierten Bern: »Beschwerde gegen den Schulmeister zu Bern, weil er ein Kind blutig geschlagen, wird 1532 Februar 5 entschieden: ›sol der schulmeister die kindt leren und schlachen, wie recht und billich. Desglichen die andern zwen (die gegen den Schulmeister klagten), so ire kindt wellen lassen in schul gan, sölichs erwarten wie recht; wo nit, mögen sy die kindt heimnemen‹.«[71]

Der St. Galler Katechismus bleibt allerdings inhaltlich nicht durchgehend auf diesem kinderfreundlichen Niveau. Er »enthält einen im Hinblick auf das Alter der Kinder recht anspruchsvollen Stoff«.[72] Wie bereits derjenige der Böhmischen Brüder ist er nach heutigem Empfinden auf weite Strecken zu kompliziert und zu theologisch. Es lässt sich schwer vorstellen, dass man ihn wörtlich auswendig

---

69 Vgl. Cohrs 1, S. 262.
70 Vgl. a.a.O., S. 130 und S. 245 sowie Cohrs 2, S. 92.
71 Köhler, S. 351.
72 Ehrensperger, S. 228.

lernen liess. Wie bereits erwähnt,[73] gab es aber Kinderpredigten darüber, die leider nicht erhalten geblieben sind.

Dominik Zili (oder wer sonst die Verantwortung für die Textgestaltung trug) hatte sich fast so etwas wie die Quadratur des Kreises vorgenommen: Einerseits wollte er den von ihm offenbar hoch geschätzten Text der Böhmischen Brüder so weit wie möglich übernehmen. Anderseits entsprach die Vorlage nicht ganz der Zielsetzung der St. Galler Behörden, die auch ein Vertrautmachen der Kinder mit den Sakramenten Taufe und Abendmahl wünschten. Besonders die Abendmahlslehre wurde deshalb etwas überraschend hinter den Ausführungen des Katechismus der Böhmischen Brüder über die »Abgötterei« eingefügt. Und: »Für die Taufe fand sich beim besten Willen keine Anknüpfung im [böhmischen] Katechismus. Der Bearbeiter fügte ihm deshalb über sie einen besonderen Abschnitt an«.[74] Als Abschluss des Büchleins eignet er sich aber gut, da die Kinder, an die es grundsätzlich gerichtet ist, auf ihre Taufe angesprochen werden.

Es gibt viele gelungene und schöne Abschnitte im St. Galler Katechismus, auch heute lesens- und bedenkenswert, was in der Folge dargestellt werden soll. Trotzdem wurde dem Büchlein sein »buntscheckiger Charakter«[75] vorgeworfen, bzw. nannte man es »ein buntes Durcheinander von 8 Teilen«.[76] Vielleicht war der Katechismus der Böhmischen Brüder mancherorts in St. Gallen bereits bekannt – und in Gebrauch. Man bemühte sich deshalb in einer fast übertriebenen Weise, »das ursprüngliche Buch zu konservieren«.[77] Die St. Galler Bearbeitung »verbessert die Ordnung, kürzt und erweitert mit Takt und Geschick«, formulierte der wohlwollendere Zezschwitz.[78]

73 Vgl. oben S. 24.
74 Cohrs 2, S. 204.
75 Ebenda.
76 Müller, S, 189.
77 Cohrs 2, S. 204.
78 Zezschwitz, S. 266.

28

Gemäss Joseph Müller, von dem eine sorgfältige Edition des St. Galler Katechismus stammt, lässt sich der »nur aus seiner Entstehungsgeschichte«[79] verständliche Aufbau des Büchleins so zusammenfassen:

- Ohne Überschrift.   Fr. 1–29[80]
  Dieser Teil enthält das Apostolikum und den Dekalog.

- Der ander[81] tail von der Hoffnung.   Fr. 30–42[82]
  Dieser Teil enthält die Seligpreisungen.

- Der III. tail von der Ererbietung Gottes.   Fr. 43–48[83]
  Dieser Teil enthält das Unservater.

- Der IIII. tail von der Abgöttery.   Fr. 49–62[84]
  Als Unterteil ohne Nummer: Von dem Sacrament   Fr. 63–64[85]
  deß lybs Christi.

- Der V. tail von der falschen erdichten Gaistlichait,   Fr. 65–67[86]
  vnd truglichen hoffnungen.
  Als Unterteil ohne Nummer: Von der betruglichen   Fr. 68–72[87]
  Hoffnung.

- Der Vl. tail von den Tôdtlichen begirden.   Fr. 73–75[88]

- Der VII. tail vom yngang in die gmaynsame   Fr. 76–77[89]
  der Christglôubigen.

- Der VIII. tail vnnd der letst, vom Touff, Frag   Fr. 78–86[90]
  der Priesteren.

Der Anfang des St. Galler Katechismus entspricht fast wörtlich demjenigen der Waldenser und der Böhmischen Brü-

79 Müller, S. 189.
80 Vgl. unten S. 53–60. Im Originaltext sind die Fragen und Antworten nicht nummeriert. Die Zahlen wurden von Müller eingefügt.
81 ander = zweite.
82 Vgl. unten S. 60–63.
83 Vgl. unten S. 63–64.
84 Vgl. unten S. 65–68.
85 Vgl. unten S. 68–72.
86 Vgl. unten S. 72–73.
87 Vgl. unten S. 73–75.
88 Vgl. unten S. 75–77.
89 Vgl. unten S. 77–78.
90 Vgl. unten S. 78–79.

der:[91] »Die fürgesetzten oder priester fragend: [1.] Was bist du? Antwurt der jugent: Ain vernünfftige creatur Gottes vnd ain tödtliche.[92] [2.] Warumb beschůff dich Gott? Antwurt. Das ich in solt kennen und lieb han / das ich selig wurde. [3.] Woruff stadt din seligkait? Antwurt. Vff dem Herren Jesu / waren Gotts sun / vff welchen wir durch sin wort erbuwen[93] werdend in iii. gründtlichen tugenden: [4.] Welche sind die? Antwurt. Der Gloub / die Liebe / vnd die Hoffnung.«[94] Gestrichen wurden bei Antwort 2 die Wörter »vnd habende die lieb Gottes«. Neu eingefügt wurde hingegen in Antwort 3 – vor den »gründtlichen tugenden« – eine christologische Präzisierung und Vertiefung (die Wendung sei wiederholt): »Vff dem Herren Jesu / waren Gottes sun / vff welchen wir durch sin wort erbuwen werdend.«

Deutlich wird schon in diesen ersten Zeilen, dass die St. Galler Verantwortlichen eine grosse Sorgfalt an den Tag legten. Als eigenständige reformatorische Theologen war es ihnen wichtig, nicht einfach eine Tugendlehre zu vertreten. Sie wollten von Anfang an betonen, dass ein tugendhaftes Leben nur möglich ist, wenn es auf den Grund Jesus Christus und sein Wort aufgebaut ist und seine Kraft daraus bezieht.

Dasselbe kommt in weiteren – teilweise nur ganz kleinen – Änderungen zum Ausdruck.[95] In der Antwort zu Frage 5 wird neu 1Kor 3,11 hinzugefügt:»Ainen andren grund kan zwar niemant legen vssert dem der gelegt ist / welcher ist Christus Jesus.«[96] Eine auffallende Erweiterung findet sich in der Antwort auf Frage 23: Bei der Nennung von Jesus Christus wird präzisiert,»der uß liebe für vnns in den tod geben ist: vß liebe von himmel gestigen / vnser schwachheit an sich genomen on sünd / damit er vns von vnseren sünden

91 Vgl. oben S. 15.
92 tödtliche = sterbliche.
93 erbuwen = auferbaut.
94 Vgl. unten S. 53.
95 Man vergleiche dazu Ganz, passim, dessen Analyse des St. Galler Katechismus bis heute wegleitend und nicht zu übertreffen ist.
96 Vgl. unten S. 53.

erkouffte [...].«[97] »Das Hauptgewicht ist hier gelegt auf den Sühnetod Jesu.«[98] Abermals im Hinblick auf Jesus Christus heisst es neu in der Antwort auf Frage 25: Glauben bedeute »inn sinen tod vertrüwen zů verzichung[99] der sünden für die er gestorben ist«.[100] Traugott Ganz fasste diese Tendenz folgendermassen zusammen: »Auffallend ist im St. Galler Catechismus jeweilen die Betonung der Gottheit des Sohnes und des heiligen Geistes, gleichsam um den damaligen antitrinitarischen Strömungen entgegenzutreten.«[101] Aber auch der Begriff des Glaubens wird in einem vertiefenden Sinn präzisiert: Während der Katechismus der Böhmischen Brüder sich in der Antwort auf Frage 13 (»Was ist der läbendig gloub?«) damit begnügte, zu formulieren: »Es ist zů glouben in Gott den vatter / in Gott den sun vnd in Gott den hayligen gaist«,[102] fügte der St. Galler Katechismus hinzu: »mit vngezwyfelter versichrung aller der dingen / so in dem wort Gottes vergriffen[103] sind«.[104]

Ebenfalls neu ist die folgende, in die Antwort auf Frage 23 eingeschobene Passage: »[...]: der zů den jüngeren also geredt hat: Ain nüw gebott gib ich üch / das jr vnderainanderen liebind wie ich üch geliebt han. Daby wirt yederman erkennen das jr mine jünger sind / so jr liebe vnderainanderen habend.«[105] Die Liebe ist durchgehend ein besonderes Anliegen der Verantwortlichen für den St. Galler Katechismus. Deshalb heisst es in einem neu geschriebenen Einschub zur Antwort auf Frage 22: »Liebe ist ain gaab Gottes die dem nåchsten das wil vnd günt das sy jr selbs gonnen wölt[106] / von welcher Paulus also redt:[107] Die liebe

97   Vgl. unten S. 59.
98   Ganz, S. 175. (Orthografie korrigiert.)
99   verzichung = Verzeihung, Vergebung.
100 Vgl. unten S. 59.
101 Ganz, S. 175.
102 Müller, S. 13.
103 vergriffen = enthalten.
104 Vgl. unten S. 55.
105 Joh 13,34f. Vgl. unten S. 59.

31

ist langmůtig vnd früntlich: die liebe yffert nit / die liebe schelckt nit[108] / sy blåyt sich nit / sy stellet sich nit hönisch / sy sůcht nit das jr / sy laßt sich nit erbitren / sy gedenckt nit arges / sy fröwt sich nit über die vngerechtigkait / sy fröwt sich aber mit der warhait / sy vertreyt[109] alles / sy glaubt alles / sy hoffet alles / sy duldet alles. Darumb S. Joannes spricht:[110] Gott ist die liebe / vnd wår in der liebe blybt / der blybt inn Gott / vnd Gott in jm.«[111] Bereits in der Antwort auf Frage 15 war unterstrichen worden, es komme darauf an, dass »ainer wirdig frücht des gloubens bringt / vnnd würckt durch die liebe«.[112]

Der christologischen Konzentration entspricht, dass Maria und die Heiligen kräftig zurückgestuft wurden. Bereits der Katechismus der Böhmischen Brüder hatte zwar gesagt, dass man nicht an Maria oder an die andern Heiligen »glaube«.[113] Trotzdem hatten die Böhmischen Brüder eine auffallend grosse Hochachtung vor Maria. Die St. Galler buchstabierten an diesen Punkt zwar nicht völlig zurück, betonten in ihrer Antwort zu Frage 55 aber ausdrücklich, dass man zu Maria nur wie »billich als zů abwesenden fründen«[114] Liebe trage. Man empfindet gegenüber Maria also zwar durchaus freundschaftliche Gefühle, aber nicht mehr. Sie wird nicht als anwesend gedacht, so dass man zu ihr sprechen könnte.

Bemerkenswert ist der Umgang mit den Heiligen: Der Katechismus der Böhmischen Brüder sprach (in der Antwort auf Frage 54) noch davon, dass die Heiligen leben, Gott lieben, ihre Nächsten ehren, ihnen dienen usw. – kon-

---

106 Liebe ist eine Gabe Gottes, die dem Nächsten das will und gönnt, das sie sich selbst gönnen will. Es handelt sich um die Goldene Regel.
107 1Kor 13,4–7.
108 schelckt nit = ist nicht bösartig oder arglistig.
109 vertreyt = erträgt.
110 1Joh 4,16.
111 Vgl. unten S. 58.
112 Vgl. unten S. 55.
113 Müller, S. 19. Hervorhebung von F.J.
114 Vgl. unten S. 66.

sequent im Präsens.[115] Die St. Galler setzten diese Verben durchwegs in die Vergangenheitsform. In ihrer Antwort auf Frage 56 heisst es, die Heiligen *hätten* gelebt, sie *hätten* Gott lieb gehabt und ihre Nächsten geehrt, sie *hätten* den Tod erlitten usw.[116] Die Heiligen waren bei aller Anerkennung ihrer Vorbildhaftigkeit zu Figuren der Vergangenheit geworden. Sie wurden historisiert – ohne gegenwärtige Heilsbedeutung. Als Antwort auf die Frage, welcher Art die Ehre sei, die den Heiligen zu erweisen sei, lautet die Antwort:»Das man jnen nachvolge in gůtem / das sy gethon hand uß der krafft Gottes / den man ouch loben sol umb sy.«[117] (Dass man in St. Gallen die Heiligen in diesem zurückgestuften Sinn immer noch gelten liess, zeigt sich auch darin, dass man die Namen der Kirchen und Kapellen der vorreformatorischen Kirche beibehielt: St. Laurenzen, St. Mangen, St. Leonhard, St. Katharinen, St. Jakob.)

Wesentlich mehr als ihre Vorlage führen die bibelkundigen St. Galler Theologen zum Thema Hoffnung aus:»Hoffnung ist ain gab durch die der glŏubig über alle geschŏpfft / sich an den aynigen[118] Gott laßt / vnd versichert ist in allem dem so jm in sinem wort verhayssen ist. [...] Von welchen dingen ist aigenlich die hoffnung? [...] Von den dingen die nit vorhanden / sunder zůkünfftig sind / also / wie Paulus spricht:[119] Hoffnung die gegenwürtigs vor ougen hatt / ist nit hoffnung. Mag man in ain creatur hoffen? [...] Nain. Dann durch sŏlich hoffnung wirt Gott die eer entzogen aines volkummnen vertrüwens / sam[120] er vns aynig[121] nit helffen vnd nit genůgsam sin mŏcht / das alles wider sin ewig wort ist: das wir jnn allain eeren vnd jm allain dienen sŏllend / darumb der glyssner[122] hoffnung verderben wirt.[123]

---

115 Müller, S. 19.
116 Vgl. unten S. 67.
117 Ebenda.
118 aynigen = alleinigen, einzigen.
119 Röm 8,24.
120 sam = wie wenn.
121 aynig = allein.

Vnd spricht David:[124] Wol dem / deß hilff der Gott Jacobs ist / deß hoffnung stadt vff dem Herren sinem Gott / der himmel vnnd erden / meer / vnnd alles das darinn ist / gemacht hat / der glouben halt ewigklich. Wie vnnd[125] der Wyßmann:[126] Der Turn[127] der stercke ist der nam des herren / zů welchem der grecht loufft vnd wirt erhôcht.«[128] Wenn der St. Galler Katechismus anschliessend die Seligpreisungen zitiert (Abb. 9–12), schliesst er sich an diesem Punkt wieder an den Katechismus der Böhmischen Brüder an.

Die wichtigsten Erweiterungen des St. Galler Katechismus gegenüber seiner Vorlage sind die Ausführungen über die Sakramente Taufe und Abendmahl. Zuerst zum Abschnitt über die Taufe, welcher ganz am Schluss steht: Gemäss Traugott Ganz sind diese Ausführungen »ohne Zweifel gegen die Wiedertäufer gerichtet«.[129] Das ist einseitig und schief. Es leidet zwar keinen Zweifel, dass die Verantwortlichen für den St. Galler Katechismus auf die Behandlung der Taufe besonders darum Wert legten, weil die Bewegung der Täufer in St. Gallen stärker als anderswo vertreten war und da diese Problematik auch im Jahr 1527 immer noch virulent war.[130] Nicht umsonst sah der St. Galler Rat sich genötigt, ein obligatorisches Taufregister einzuführen. Fak-

---

122 glyssner = Heuchler.
123 Hiob 8,13.
124 Ps 146,5f.
125 vnnd = auch.
126 Spr 18,10. Wyßmann = der Weise. Gemeint ist Salomo, der als Verfasser der Proverbia galt.
127 Turn = Turm.
128 Vgl. unten S. 60–61.
129 Ganz, S. 177.
130 Man vergleiche dazu die bisher jüngste Darstellung der Täuferbewegung in St. Gallen: Christian Scheidegger: Ein unbekannter Brief eines Täuferlehrers (1526) und ein neuer Blick auf die frühe Täuferbewegung in der Schweiz. In: Basel als Zentrum des geistigen Austauschs in der frühen Reformation. Herausgegeben von Christine Christ-von Wedel, Sven Grosse und Berndt Hamm. Tübingen: Mohr Siebeck, 2014, S. 273–296. – Eine Arbeit des Herausgebers über die Bewegung der Täufer in St. Gallen und Umgebung wird im Jahrbuch 2018 des Historischen Vereins des Kantons St. Gallen erscheinen.

tur hoffen? Ant. Nain. Dañ durch
fölich hoffnüg wirt Gott die eer ent=
zogē aines volkuñnen vertzüwens/
fam er vns aynig nit helffen vnd nit
gnůgfam fin möcht/ das alles wider
fin ewig wozt ift: Das wir jnn allain
geren vnd jm allain dienen föllend/
darumñ der glyßner hoffnung verder Job.8.
ben witt. Vnd fpricht Sauid: Wol
dem/ deß hilff der Gott Jacobs ift/ Pfal.145.
deß hoffnung ftadt vff dem Herren
finem Gott/ der hiñel vnnd erden/
meer/ vnnd alles das darinn ift/ ge=
macht hat/ der glouben halt ewig=
klich. Wie vnd der Wyßman: Der
Turn der fercke ift der nam des her= Pro.18.
ren/ zů welchem der grecht loufft vñ
wirt erhöcht ℂ Zaig ain fürnem
verhayffungē Chrifti/ in die fich die
hoffnung züchte? Ant. Acht punc=
ten wil ich anzaigen.]

I.

Selig find die ärmen Matt.5.

B ij

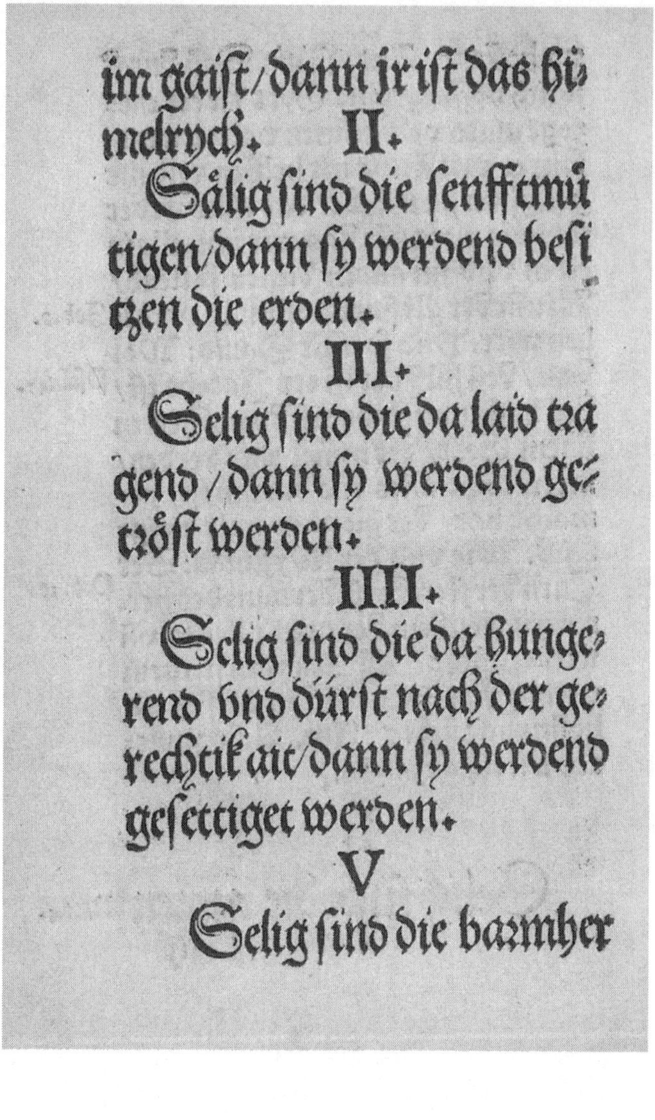

im gaiſt/dann jr iſt das hi=
melrych. II.
Sälig ſind die ſenfftmü
tigen/dann ſy werdend beſi
tzen die erden.
III.
Selig ſind die da laid tra
gend / dann ſy werdend ge=
tröſt werden.
IIII.
Selig ſind die da hunge=
rend vnd dürſt nach der ge=
rechtikait/dann ſy werdend
geſettiget werden.
V
Selig ſind die barmher

Abb. 10: Fragen 33–38 – St. Galler Katechismus 1527, Bl. B2v.

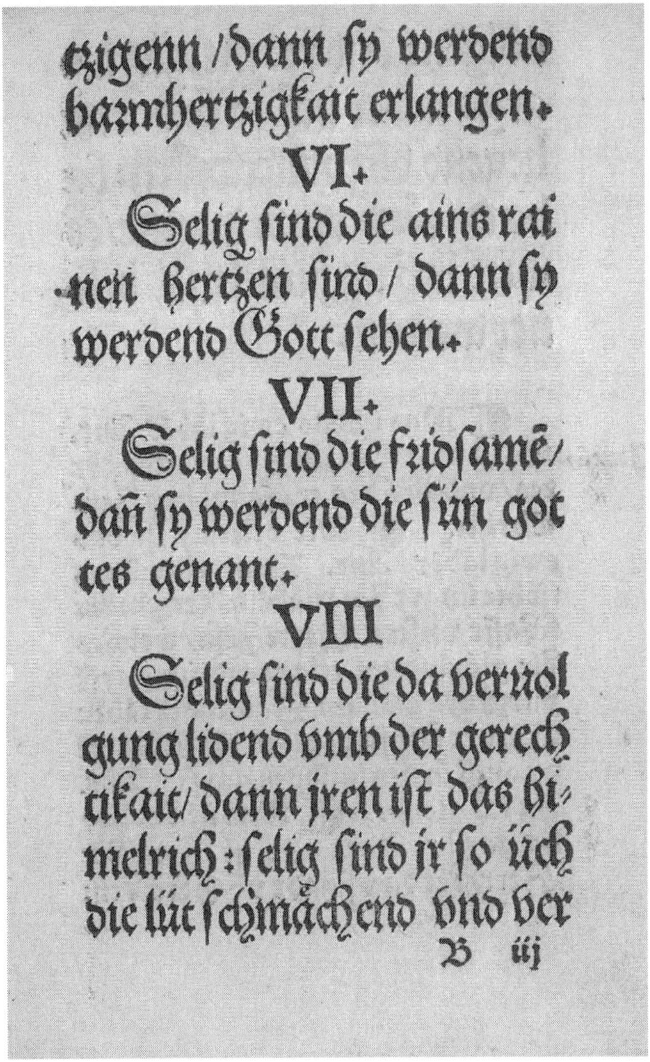

tzigenn / dann ſy werdend
barmhertzigkait erlangen.

VI.

Selig ſind die ains rai
‑nen hertzen ſind / dann ſy
werdend Gott ſehen.

VII.

Selig ſind die fridſamē/
daū ſy werdend die ſün got
tes genant.

VIII

Selig ſind die da veruol
gung lidend vmb der gerech
tikait/ dann jren iſt das hi‑
melrich: ſelig ſind jr ſo üch
die lüt ſchmächend vnd ver

B üj

Abb. 11: Fragen 33-38 – St. Galler Katechismus 1527, Bl. B3r.

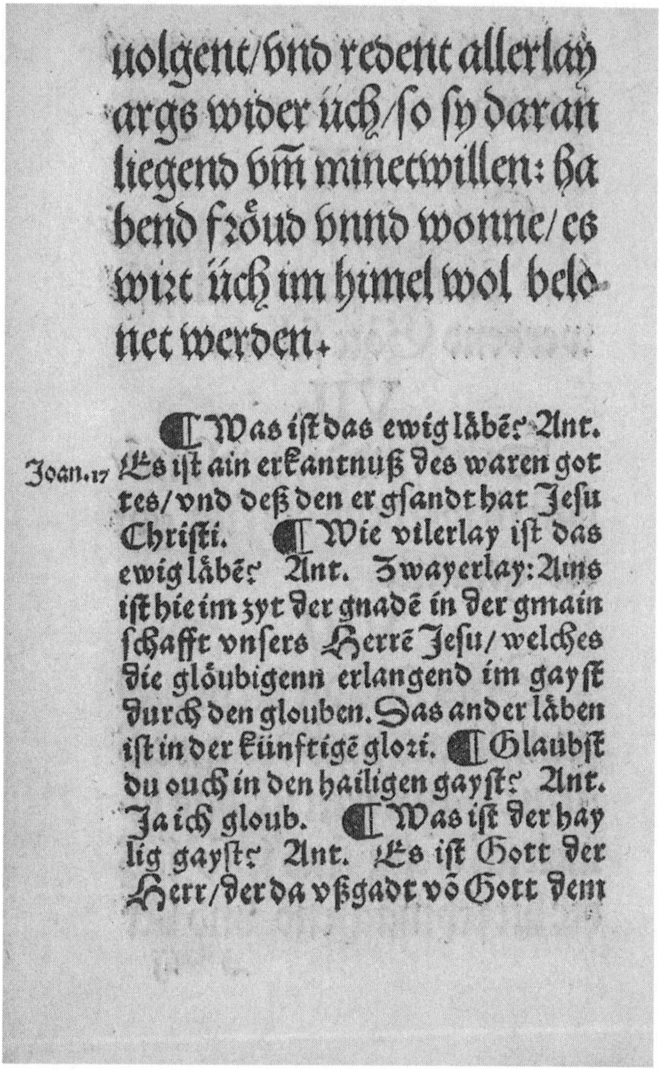

uolgent/ vnd redent allerlay
args wider üch/ so sy daran
liegend vmi mine twillen: ha
bend fröud vnnd wonne/ es
wirt üch im himel wol belo
net werden.

¶ Was ist das ewig läbē? Ant.
Joan.17 Es ist ain erkantnuß des waren got
tes/ vnd deß den er gsandt hat Jesu
Christi.   ¶ Wie vilerlay ist das
ewig läbē? Ant. Zwayerlay: Ains
ist hie im zyt der gnadē in der gmain
schafft vnsers Herrē Jesu/ welches
die glöubigenn erlangend im gayst
durch den glouben. Das ander läben
ist in der künftigē glori. ¶ Glaubst
du ouch in den hailigen gayst? Ant.
Ja ich gloub.   ¶ Was ist der hay
lig gayst? Ant. Es ist Gott der
Herr/ der da vßgadt võ Gott dem

Abb. 12: Fragen 33–38 – St. Galler Katechismus 1527, Bl. B3v.

tisch wurde damit in St. Gallen die Säuglingstaufe für obligatorisch erklärt. In Abgrenzung von den Täufern legte man »auf die Kindertaufe [...] grossen Wert und bestimmte, dass jeder Vater bei der Taufe seines Kindes anwesend sein musste. Wer zur Taufe seines Kindes in der Kirche nicht erschien, wurde mit Gefängnis bestraft.«[131] »Am 2. Mai 1527 wurde die erste Taufe in das älteste Taufbuch des nordöstlichen Gebiets der Eidgenossenschaft eingetragen, und zwar für die Laurenzenkirche.«[132] Noch während Jahren finden sich in den amtlichen Protokollen Eintragungen darüber, dass Einzelne mit dem Täufertum sympathisierten.[133] Gerade auf diesem Hintergrund ist aber auffallend, dass in den Ausführungen über die Taufe im St. Galler Katechismus eine ausgeprägte Polemik gegen die Täufer nicht festzustellen ist. Man wollte die Sympathisanten des Täufertums nicht unnötig brüskieren, kam ihnen sogar bis zu einem gewissen Grad entgegen.[134]

Hauptfront des Abschnitts über die Taufe (Abb. 13) ist eindeutig die Tauflehre der römisch-katholischen Kirche. Ein quasi materialistischer bzw. magischer Sakramentalismus wird abgelehnt. »Was rayniget die sünd / das wasser? Antwurt. Nain / sunder das blůt Jesu Christi. – Was ist dann das wasser giessen? Antwurt. Es ist ein wirdig Sacrament[135] / von welchem wir ermanet werdend / der krafft die dardurch bedüt wirdt.«[136] Es ist also nicht der Taufakt

---

131 Bätscher, S. 58.
132 Ehrensperger, S. 167.
133 Vgl. das reiche Material in: Heinold Fast (Hg.): Quellen zur Geschichte der Täufer in der Schweiz. Zweiter Band, Ostschweiz. Zürich: TVZ, 1973. Gemäss Paul Peachy: Die soziale Herkunft der Schweizer Täufer in der Reformationszeit. Eine religionssoziologische Untersuchung. Herausgegeben vom Mennonitischen Geschichtsverein e.V., Weierhof (Pfalz). Karlsruhe: H. Schneider, 1954, sind in st. gallischen Gebieten zwischen 1525 und 1540 762 Täufer und Täuferinnen namentlich bekannt. (Nach: Ehrensperger, S. 246.) Dazu kommt natürlich noch eine grosse Dunkelziffer.
134 Es ist dies ein Aspekt, der dafür spricht, dass Dominik Zili – vgl. oben bei Fussnote 66 – der Hauptverfasser war. Als Verfechter einer strengen Kirchenzucht galt er als den Täufern theologisch nahestehend.
135 ein wirdig Sacrament = eine würdige Zeichenhandlung.
136 Vgl. unten S. 78.

selbst, der die Sündenvergebung bewirkt, sondern er deutet nur darauf hin. Die Menschen, die getauft werden, sind schon vorher erlöst und Glieder der christlichen Gemeinde. Die Taufe ist eine Verkündigungshandlung. Die vom St. Galler Katechismus vertretene Tauflehre ist in diesem Sinn typisch »zwinglianisch«.[137] Es war bedeutungsvoll, dass im Gefolge der Reformation in der Schweiz die Taufsteine von hinten neben dem Eingang der Kirchen nach vorn in den Chorbereich verschoben wurden. Es wurde so deutlich gemacht, dass die Täuflinge schon *vor* ihrer Taufe zur Gemeinde gehörten und nicht erst durch das Sakrament in diese eingegliedert wurden.

Das folgende Detail war offensichtlich an die Täufer gerichtet: Es war gemäss dem St. Galler Katechismus zwar nicht heilsnotwendig, kleine Kinder zu taufen. Auch ein Kind, das ungetauft starb, konnte die Seligkeit erlangen und musste nicht in einem abgetrennten Winkel des Friedhofs bestattet werden. Aber »in Adam« hatten bereits die Säuglinge an der Sünde Anteil. »Hand die kind ouch sünd des dods wirdig? Antwurt. Ja / dann wir alle sind in Adam gestorben / und dörffend[138] gerayniget zů werden durch den tod Christi / welcher ouch die kind rechtfertiget.«[139] Auch wenn es also nicht unbedingt zwingend war, einen Säugling zu taufen (insofern gab man den Täufern Recht), so machte es doch Sinn, die Sündenvergebung bereits ganz am Anfang eines Menschenlebens durch den Taufakt zu bezeugen.

Bei der vom St. Galler Katechismus vertretenen Tauflehre fällt ein starker ethischer Impetus auf, womit man auch den Täufern entgegenkommen wollte, ohne allerdings dem von vielen von ihnen vertretenen sittlichen Perfektionismus zu verfallen. Wichtiger als die Taufe mit Wasser sei diejenige mit dem Heiligen Geist, »mit welchem wir jnnwendig ge-

---

137 Vgl. die gründliche Untersuchung des römisch-katholischen Forschers Adolf Fugel: Tauflehre und Taufliturgie bei Huldrych Zwingli. Bern und andere Orte: Peter Lang, 1989, passim.
138 dörffend = bedürfen.
139 Vgl. unten S. 79.

Der VIII. tail vnnd

Der letſt/ vom Touff/ Fråg
der Prieſteren.

As iſt der Touff
der Chriſten? Antwurt.
Es iſt der Befelch Chriſti
vnſers Herrenn/ da wir
mit waſſer begoſſen werdend vnd ge
toufft/ in aynem lyb/ im namen deß
Vatters/des Suns vnnd des Hay
ligen gaiſts. ¶ Worzů biſtu ge=
toufft? Ant. Zů der Bůßfertikait.
¶ Was iſt die? Antw. Von den
ſünden gerainget werden durch den
glouben/ vnd in ainem nüwen låben
nach Gott wandlen. ¶ Was ray
niget die ſünd/ das waſſer? Ant.
Nain/ ſunder das Blůt Jeſu Chriſti. Epß.
¶ Was iſt dañ das waſſer gieſſen?
Ant. Es iſt ayn wirdig Sacra=
mēt/ von welchem wir ermanet wer
dend/ der krafft die dardurch bedüt
wirdt. ¶ Welche iſt die? Ant.

Abb. 13: Fragen 78–83 – St. Galler Katechismus 1527, Bl. C8r.

toufft müssend werden / vnd also das wir Gott vnd nit dem flaisch vnnd sünden låbend«.[140] Es geht um die Beschneidung des Herzens.[141] Und wann »wirt dises volbracht? Antwurt. Wenn wir die glider der sünd / das ist die anfechtungen / vß der krafft des hayligen gaists / nit lond herschen an unserem lyb / ire lüst zů thůn / sunder das wir sy tödent.«[142] Das Ganze steht aber unter einem eschatologischen Vorbehalt: Wir können die Grundsätze einer christlichen Ethik in diesem irdischen Leben nur unvollkommen realisieren. »Das wirt aber ain end haben so wir das yrdisch / tödtlich / sündtlich huß unseren lyb / werdend vß ordnung Gottes / der erden zů der růwe bevelhen / oder ob vns des Herren tag ergryffen wurde / das vnsere lyb verwandlet / dem Herren entgegen werdend faren in die lüfft[143] / vnnd darnach mit clarificiertem lyb vnnd seel / besitzenn die ewigen růw. Das helff vns Gott / Amen.«[144] Es sind dies die letzten Worte des St. Galler Katechismus – ein Ausblick auf das Ewige Leben. Ihnen angeschlossen ist ein Segen, den die Eltern oder Priester (sic) der Jugend zusprechen sollten: »Gott aller gnaden vnnd barmhertzikait / stercke üch in der erkantnuß sins suns vnsers lieben Herren Jesu Christi / in der krafft deß götlichen gaists. Dem sye lob / dannck / glori / gwalt / krafft / vnd rych / jmmer vnnd ewigklich. Amen. Gond hin im friden / vnnd bittend Gott für ainanderen.«[145] Im Vergleich zur Tauflehre sind die Ausführungen über das Abendmahl (Abb. 14) im St. Galler Katechismus umfangreicher. Es wird dies damit zusammenhängen, dass der Abendmahlsstreit zwischen Zwingli und Luther 1527 schon voll im Gang war. Die St. Galler gaben sich nun sichtlich Mühe, eine »zwinglianische« bzw. »reformierte« Abend-

140 Ebenda.
141 Vgl. Röm 2,29.
142 Vgl. unten S. 79.
143 Vgl. 1Thess 4,17.
144 Vgl. unten S. 79.
145 Vgl. unten S. 80.

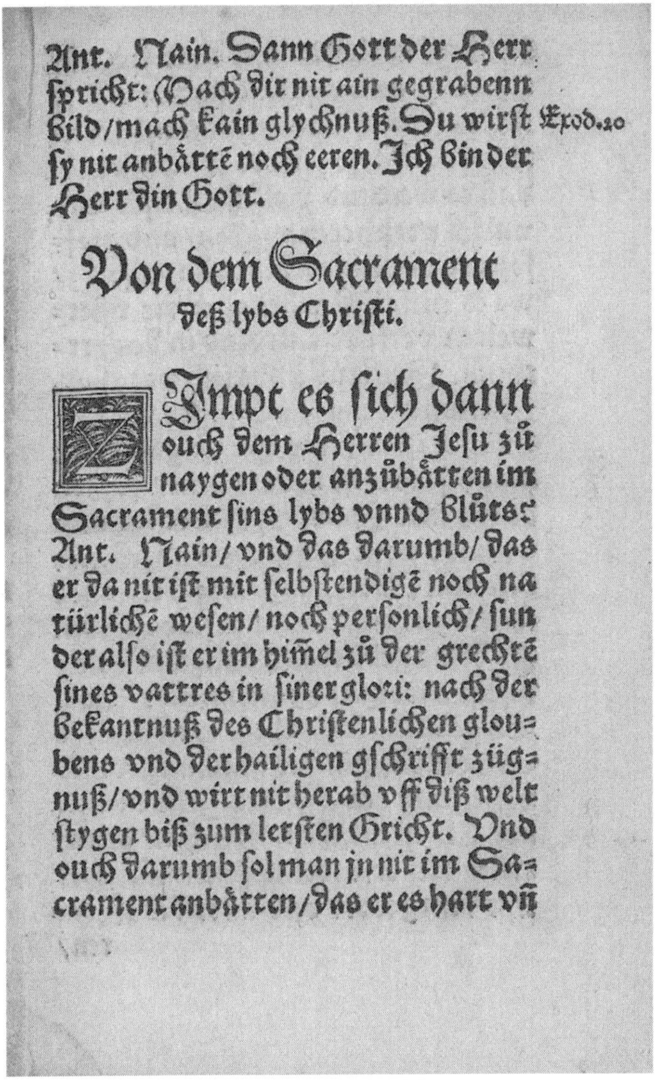

Ant. Nain. Dann Gott der Herr
spricht: Mach dir nit ain gegrabenn
Bild/mach kain glychnuß. Du wirst Exod.20
sy nit anbätté noch eeren. Jch Bin der
Herr din Gott.

Von dem Sacrament
deß lybs Christi.

Jmpt es sich dann
ouch dem Herren Jesu zů
naygen oder anzübätten im
Sacrament sins lybs vnnd Blůts?
Ant. Nain/vnd das darumb/das
er da nit ist mit selbstendigé noch na
türliché wesen/noch persönlich/sun
der also ist er im himel zů der gréchté
sines vattres in siner glori: nach der
Bekantnuß des Christenlichen glou=
bens vnd der hailigen gschrifft züg=
nuß/vnd wirt nit herab vff diß welt
stygen biß zum letsten Gricht. Vnd
ouch darumb sol man jn nit im Sa=
crament anbätten/das er es hatt vn̄

Abb. 14: Fragen 62–63 – St. Galler Katechismus 1527, Bl. B8r.

43

mahlslehre zu vertreten. In den Elementen Brot und Wein ist Christus »nur« geistlich gegenwärtig. Breit wird ausgeführt, dass er seit dem Himmelfahrtstag gemäss seiner menschlich-physischen Natur zur Rechten seines himmlischen Vaters thront.[146] Von dort wird er erst am Ende wiederkommen, um über die Lebenden und die Toten zu richten. In der Zwischenzeit ist es der Heilige Geist, der hier auf Erden wirkt und regiert. Nach dem Verständnis des St. Galler Katechismus ist die Kirche nichts anderes als ein lebendiges Reich des Geistes.[147]

Charakteristische Formulierungen lauten: Es geziemt sich nicht, sich »im Sacrament« vor dem Herrn Jesus zu verneigen und ihn anzubeten. »Nain / vnd das darumb / das er da nit is mit selbstendigem noch natürlichem wesen / noch personlich / sunder also ist er im himmel zů der gerechten[148] sines vattres in seiner glori [...] vnd wirt nit herab uff diß welt stygen biß zum letsten Gricht.«[149] »Christus nach der menschait / nit Gott noch ain gaist / sundern ain warer mensch ist«.[150] »Nach der Uffart Christi ist in die welt gesant der Trôster / Gott der Hailig gaist«.[151] »Dieser gaist blybt ewig by vns / lert vns alle warhait / machet vns sighafft / vnd bevestnet vns. Welche dieser gaist trybt / die sind kinder Gottes.«[152] Der Geist ist das »gnadenpfand«.[153] Er regiert »in aller glôubigen hertzen«.[154]

Im Blick auf die Abendmahlsfeier gebührt es sich, »zů glouben / wo das brot vnd der kelch in der mainung vnnd uffsetzung des Herren Jesu von siner Christenlichen Kirchen / durch trüw diener / ordenlich geraicht wirt mit dem gebott vnd wort des Herren / bezügt vnd anzaigt / das

146 Es handelt sich hier um das später so genannte »Extra Calvinisticum«.
147 Vgl. unten S. 72. (Antwort auf Frage 64.)
148 gerechten = rechten Hand.
149 Vgl. unten S. 68.
150 Vgl. unten S. 72.
151 Vgl. unten S. 71.
152 Ebenda.
153 Ebenda.
154 Ebenda.

44

Christus sin lyb für vns geben / vnd mit sinem bluot vnns ain mal gerainiget hat. Da by bedüt es ouch / das wir alle die in den tod Christi vertrüwent die warhafft gmainschafft sind deß gebrochnen lybs vnd vergoßnen blůts.«[155] Das Abendmahl hat also (wie die Taufe) primär einen verkündigenden und ekklesiologischen Charakter. Es »geschicht mit ainem vsserlichen wåsen zů dienst vnd bruch des gaistlichen«.[156] Es erinnert an das, was Christus getan hat, und gliedert in die Gemeinschaft ein, die exakter als Gemeinschaft des gebrochenen Leibes und des vergossenen Bluts Christi beschrieben wird. Die beim Abendmahl versammelte Gemeinde erneuert sich »in der gmainschafft des Herren Jesu / in ainer fridsamen gewüßne[157] / vnnd in der hoffnung mit allen glôubigen sich zů stercken vnd vestigen zů der můhe des Christenlichen låbens / vnnd damit erwecken vnd bewegen / zů eer / lob / vnd dancksagung durch die gedåchtnuß in ainer uffhebung des hertzens zů dem Herren Jesu Christo / der da ist zů der grechten[158] sines vatters im himmel wesentlich. Durch sin gaist aber in allen glôubigen würcklich vnd mit gnaden / als in ainem hailigen tempel«.[159]

Auch nach dem St. Galler Katechismus (und nicht nur lutherischem oder sogar katholischem Verständnis) hat das Abendmahl also eine, wenn man es so ausdrücken will, »mystische« Dimension. Wie bei den Zürcher Theologen ist es auch hier sachgemäss, interpretierend von »geistiger Realpräsenz« zu sprechen. »Mentalis sive spiritualis praesentia ja, aber corporea nein.«[160] »Durch ›sakramentliches‹ Essen des Leibes Christi« ist das Abendmahl für die Gläubigen »Unterpfand der Gnade«.[161]

155 Vgl. unten S. 69.
156 Vgl. unten S. 69–70.
157 gewüßne = Gewissheit.
158 grechten = rechten Hand.
159 Vgl. unten S. 70.
160 Walther Köhler in: Huldreich Zwinglis sämtliche Werke. Band V. Leipzig 1934, S. 553.

Zuletzt ein weiterer Punkt: Wenn man den St. Galler Katechismus mit seiner Vorlage, demjenigen der Böhmischen Brüder vergleicht, stellt man fest, dass neu gewissermassen eine politische Ethik in nuce umrissen wurde. Eine zusätzlich eingeschobene Frage lautet: »Wie verergerend die diener deß schwårdtes?« Das heisst: »Wie erregt eine Obrigkeit ein öffentliches Ärgernis?« Dezidiert lautet die Antwort:

»So sy dem übel nit allayn nit weerend / sunder selb dem selbigen anhangend / das gůtt nit fürderend / das bôß nit straaffend / die das verderben der jren on truren ansehen môgend / denen aigner nutz für[162] gemaynen frommen[163] angelegen ist: dann wo sôlichs geschicht / so wirt der glôubig antast vnd zum abfal geraitzt. Darumb es ain erbårmd[164] vnd gnad Gottes ist / wo die Oberkayten sich der vnderthonen hayls vnd anligens vndernemmend[165] / mit straaff des bôsen / vnd fürderung des gůten: mit Gotesfôrchtigkait / vnnd liebe sines worts.«[166]

Das Ideal einer christlichen Obrigkeit leuchtet hier auf, die gottesfürchtig ist und das Wort Gottes liebt sowie (nach Röm 13,4) von Gott beauftragt ist, gegen das Böse zu kämpfen. Neu gegenüber Röm 13 ist die Aufgabe der Regierung, aktiv für das Gute einzustehen und den Glauben der Untertanen zu fördern. Es geht um das allgemeine Wohl. Der Staat ist nicht nur ein »Nachwächterstaat«. Und Regierungsmitglieder dürfen nicht eigennützig sein. Sie – und auch die Pfarrer – sind zu einem moralisch hochstehenden Lebenswandel verpflichtet. Sie müssen dem Volk ein sittliches Vorbild sein. Von den Pfarrern wird gesagt: »Zů glycher wyß sol man nachvolgen den trüwen dieneren / wel-

---

161 Fritz Blanke nach: Ulrich Gäbler: Huldrych Zwingli im 20. Jahrhundert, Zürich: TVZ, 1975, S. 87.
162 für = mehr als.
163 frommen = Nutzen.
164 erbårmd = Barmherzigkeitserweis.
165 vndernemmend = annehmen.
166 Vgl. unten S. 76.

che mit rechtem sinn vnd verstand jr leer fürgend[167] / vnd
mit jrem låben der warhayt dienend.«[168] In diesen Zusammenhang passt, dass auch in St. Gallen nach Zürcher Vorbild ein Ehegericht eingeführt wurde, das die Sittlichkeit der
Bevölkerung überwachte.[169]

* * *

Der St. Galler Katechismus war ein buchhändlerischer Erfolg, was die verschiedenen Auflagen zeigen.[170] Während
Jahrzehnten war er das massgebende Lehr- und Lebensbuch, an dem sich Jung und Alt in St. Gallen deutlich machen konnte, worum es im christlichen Glauben auf der
Grundlage der Reformatoren ging. Als dann aber im Jahr
1563 der Heidelberger Katechismus[171] erschien, war es nur
noch eine Frage der Zeit, dass dieser auch in St. Gallen
seinem Vorgänger den Rang ablief. Mit »seltener Einmütigkeit« fielen dieser neuen Publikation »bald Geistliche und
Volk zu; die Obrigkeit konnte schliesslich nichts Besseres
tun als die Tatsache gut zu heissen«.[172] »Der Heidelberger
siegte in Bern, Basel, Schaffhausen und St. Gallen.«[173] Auch
er ist zwar keine leichte Lektüre. Von seinem stringenten
Aufbau her – drei Teile: »Von des Menschen Elend«, »Von
des Menschen Erlösung« und »Von der Dankbarkeit« –
lässt sich aber besser mit ihm arbeiten. Es wurde schon gesagt, das Buch habe »lutherische Innigkeit, melanchthonische Klarheit, zwinglische Einfachheit und calvinisches Feuer in Eines verschmolzen«.[174]

167 fürgend = vortragen.
168 Vgl. unten S. 76.
169 Vgl. Köhler, S. 387–416.
170 Vgl. unten S. 51, Fussnote 1.
171 Vgl. z. B. Weber.
172 Rüegg, S. 41.
173 Ebenda.
174 Ebenda.

Gemäss Ratsprotokoll wurde der Heidelberger Katechismus im Jahr 1574 in St. Gallen eingeführt. Auf Wunsch der Prädikanten wurde aber erlaubt, neben dem neuen Lehrmittel das bisherige auch weiterhin zu verwenden.[175] »Dass bisweilen den Kindern und auch den Eltern das Einprägen der Katechismusfragen Mühe bereitete und lästig war, sehen wir aus einer Bemerkung in den Schulratsprotokollen, derzufolge Eltern, die sich negativ gegen den Katechismusunterricht einstellten, vom Rat gebüsst werden konnten.«[176] Ab 1598, als er wohl ein letztes Mal aufgelegt wurde,[177] hört man kaum mehr etwas vom ursprünglichen St. Galler Katechismus. Der Heidelberger hatte sich durchgesetzt. Trotzdem bleibt das von aussen unscheinbare Büchlein von 1527 ein behaltenswertes Vermächtnis.

175 Bätscher, S. 60 und S. 353.
176 Ebenda. Bätscher verweist S. 353 auf ein Synodalprotokoll von 1605.
177 Vgl. unten S. 51, Fussnote 1.

Edition

Ain Christliche
vnderwisung der Jugend
jm Glouben / gegründt in der
hailigen geschrifft / fragens wyß.[1]

Luce am xviii. spricht Christus.[2]
Lond die Kinder zů mir komen vnd werend jnen
nit / denn sôlicher ist das rich Gottes.

Zůn Ephesern am vi. Capitel
spricht Paulus.[3]
Jr Vâtter raytzend üwere Kinder nit zů Zorn [/]
sonder erziehend sy vuff / jn der zucht
vnd vermanung an den
Herren.

1 Als Vorlage dient das Exemplar in der Zentralbibliothek Zürich, Signatur:
Zwingli 206. Persistenter Link: http://dx.doi.org/10.3931/e-rara–1083. (Ein
weiteres Exemplar dieser Auflage liegt in Ulm. Ein Exemplar der zweiten Auflage befindet sich in der Kantonsbibliothek Vadiana, eines von 1530 liegt u.a.
in München. Traugott Ganz nennt auch eine Neuauflage von 1598. Ein vom St.
Gallischen Verein für Verbreitung christlicher Erbauungsschriften herausgege-
bener Neudruck aus dem 19. Jahrhundert, ohne Jahrzahl, befindet sich ebenfalls in der Kantonsbibliothek Vadiana und in anderen Bibliotheken.) Editions-
grundsätze: Es wird möglichst wenig in den originalen Textbestand eingegrif-
fen. Eckige Klammern bezeichnen Einfügungen durch den Herausgeber. Die in
der Edition kursiv ergänzte Nummerierung der Katechismusfragen fehlt in der
Vorlage. Druckfehler werden stillschweigend korrigiert. Die Interpunktion
bleibt grundsätzlich unverändert. Gelegentlich wurde ein [/] eingefügt. Auch die
Gross- bzw. Kleinschreibung wird von der Vorlage übernommen. Geminati-
onsstriche über n, m und Vokalen werden aufgelöst, ebenso Abkürzungen.
Übergeschriebene Zeichen wie ů werden von der Vorlage übernommen. Bei den
römischen Zahlen wird iiii oder IIII geschrieben, nicht wie heute üblich iv oder
IV. Heute eher schwer verständliche Formen und Wendungen werden in den
Fussnoten erklärt. Bei der Sprache handelt es sich nicht um den St. Galler
Dialekt, sondern um die damals im oberdeutschen Raum übliche Schriftsprache
(anders als bei Luther, der sich der kursächsischen Kanzleisprache bediente).
Oft versteht man eine schwierige Stelle besser, wenn man sie sich laut vorliest.
Der Seitenwechsel wird im Text selbst mittels | angezeigt und die Paginierung
marginal vermerkt. In Einzelfällen werden auch Sacherklärungen gegeben.
2 Lk 18,16.
3 Eph 6,4.

| Vf den sibenden tag Augstmonadt / im XXVII. jar / ist von klain vnd großen Rädten der statt S. Gallen / beschlossen / vnd / vff jrer Predicanten anzaygen / vnderricht / vnd erbieten[4] / zůgelassen / das hinfür zů den tagen so man die gedåchtnuß des tods Christi / in dem Nachtmal des Herren [/] begangen hat / nach mittags die jugend so ob nün vnd vnder fünffzehen jaren ist / in die grösseren pfarr[5] / namlich gen S. Laurentzen berůfft / vnnd alda von gedachter Kilchen fürgesetzten mit nachuolgenden fragen erindert / vnd jres gloubens rechenschafft zegeben / gelert werde / vnd also nach erhayschung der geschrifft / in gůttem vffzogen[6] vnnd mit verstand an den Herren gewisen: diewyl vnnd[7] sy in Christi vnserem hayland getoufft / vnd sines lybs gewüsse mitglider sind. Vff sóliches ayn erbarer Radt hie mit die Elteren jrer statt vnd grich|ten ermant haben will / damit sy jr jugend zů gedachten tagen vnnd zyten fürderlich vff gemelte statt / des gloubens bericht zů geben vnd enpfachen / beschaydind[8]. Welche sy vorhar von der kindthait zů gelegnen tagen / nach jnnhalt des bůchlins / leren vnd vnderrichten sóllend / wie vnnd sy[9] vor Gott schuldig sind / biß zů der zyt d[a]z sy für die priester[10] gestellt mógend werden / den selben geschicklich zů antwurten / nach jnhalt der góttlichen geschrifft / in disem bůchli beschriben.

---

4   vff jrer Predicanten anzaygen / vnderricht / vnd erbieten = auf Antrag der Pfarrerschaft.
5   pfarr = Pfarrkirche.
6   vffzogen = auferzogen.
7   vnnd = auch.
8   vff gemelte statt ... beschaydind = zu den dafür vorgesehenen Tagen und Zeiten an den angegebenen Ort schicken, damit sie über den Glauben Rechenschaft ablegen und sich darin unterweisen lassen können.
9   wie vnnd sy = wie auch sie.
10   Die Begriff Priester wurde 1527 noch als Amtsbezeichung für die Pfarrer gebraucht. Erst später grenzte man sich an diesem Punkt von der römisch-katholischen Kirche ab.

| *Harnach volgend die fragen etlicher puncten /*
fürnemlich / deren man die jugent
erinneren mag.

Die fürgesetzten oder priester fragend:

1 Was bist du?
Antwurt der jugent:
Ain vernünfftige creatur Gottes vnd ain tödtliche[11].

2 Warumb beschůff dich Gott?
Antwurt. Das ich in solt kennen und lieb han / das ich
selig wurde.

3 Woruff stadt din seligkait?
Antwurt. Vff dem Herren Jesu / waren Gotts sun / vff
welchen wir durch sin wort erbuwen[12] werdend in iii.
gründtlichen tugenden:

4 Welche sind die?
Antwurt. Der Gloub / die Liebe / vnd die Hoffnung.

5 Bewår das.[13]
Antwurt. S. Paul spricht: Ainen andren grund kann   1. Cor. 3[,11].
zwar niemant| legen vssert dem der gelegt ist / welcher
ist Christus Jesus. Aber von den tugenden spricht er: 1. Cor. 13[,13].
Nun aber blybt Gloub / Hoffnung vnnd Liebe / diese
dry / aber die Liebe ist die grôßt vnder jnen.

6 Welches ist die erst tugend der grundveste[14] diner selig-
keyt?
Antwurt: Der Gloub.

7 Bewår das.
Antwurt. S. Paul spricht: Es ist vnmüglich on den glou-   Heb. 11[,6].

---

11 tödtliche = sterbliche.
12 erbuwen = auferbaut.
13 Bewår das = belege das.
14 grundveste = Fundament.

53

ben Gott gefallen / dann es zimpt sich den nachgenden
zů Gott[15] gloubenn das Gott ist / vnd ein beloner deren
die jn sůchend.

8 Was ist die beschrybung des gloubens vß dem Nüwen
Testament?

Heb. 11[,1]. Antwurt. S. Paul sagt: Der gloub ist ain gwüsse zůversicht des das zů hoffen ist / vnnd richt sich nach dem
das nit schynet.[16]

9 Welches gloubens bistu?
Antwurt. Deß gemaynen[17] Christenlichen gloubens.

10 Welcher ist der?
Antwurt.

Ich gloub in ain Gott | vatter / allmechti- |A4r
gen / schöpffer himels vnd der erden. Vnd
in Jesus Christum [/] sinen eingebornen
sun / vnseren herren. Der empfangen ist
von dem hailigen gaist. Geboren von der
jungfrowen Maria. Gelitten vnder Poncio
Pilato: gecrütziget / gestorben / vnd begraben. Abgefaren zů der hellen. Am dritten
tag vfferstanden von den todten. Vfgefaren
zů himel: da sitzt er zů der rechten Gottes
deß | Allmechtigen vatters. Von dannen er |A4v
künfftig ist[18] zů richten die låbendigen vnd
die todten. Ich gloub in hailigen Gaist. Ain
hailige christenliche kilchen / gemayn-
schafft der hailigen. Vergebung der sünd.
Vrstendi[19] des flaischs. Vnd ain ewigs
låben.

15 den nachgenden zů Gott = denen, die Gott folgen bzw. angehören wollen.
16 das nit schynet = das nicht scheint bzw. unsichtbar ist.
17 gemaynen = allgemein bzw. katholisch (nicht im konfessionellen Sinn).
18 künfftig ist = kommen wird.
19 Vrstendi= Auferstehung.

54

11 Welcher vnderschaid ist deß gloubens?[20]
Antwurt. Vor Gott / der aller menschen hertzen erkennt / ist der gloub gewüß[21] / deren die warhafftigklich in jn / ainig[22] vertrüwend. Aber vor den menschen ist ain låbendiger gloub vnd ain todter / nach dem begryffen der menschen / die das hertz des menschen nit sehen mögend.[23]

|A5r *12* Was | ist der todt gloub?
Antwurt. Es ist ain gloub on frücht / vnd ist glouben Gott den Herren zů sin / vonn Gott dem Herren glouben / aber nit inn Gott den Herren.

13 Was ist der låbendig gloub?
Antwurt. Es ist zů glouben in Gott den vatter / in Gott den sun vnd in Gott den haylgen gaist / mit vngezwyfelter versichrung aller der dingen / so in dem wort Gottes vergriffen[24] sind.

14 Was ist zů glouben in Gott den Herren?
Antwurt. Es ist jn erkennen / vnd aller siner red gehorsam sin / über alles jn zů lieben / vnd sin red vffnemmen vnd thůn / vnd das vertrüwen gantz vff jn stellen.

15 Welches ist die bewårung das ainer in Gott gloubt?
Antwurt. So ainer wirdig frücht des gloubens bringt / vnnd würckt durch die liebe. Wie es ouch in den Zåhen gebotten begriffen wirt.

20 Welcher vnderschaid ist deß gloubens? = Was muss man beim Begriff Glauben unterscheiden?
21 gewüß = deutlich, klar.
22 ainig = einzig bzw. allein.
23 Aber vor den menschen ist ain låbendiger gloub und ain todter / nach dem begryffen der menschen / die das hertz des menschen nit sehen mögend = Aber aus menschlicher Perspektive müssen ein lebendiger und ein toter Glaube unterschieden werden, d. h. wie wir Menschen es begreifen können, die wir nicht ins Herz des Menschen blicken können.
24 vergriffen = enthalten.

55

16 Kanstu die Zåhen gebott?
Antwurt. Ja.

17 Wie?
Antwurt. Gott spricht durch Mosen zů den kindern Is-
raels:

| Hôr Israel: Ich bin der herr din gott. Du |A5v
solt kain ander gôtter neben mir han. Du
solt dir kain bildenuß noch irgend ayn
glychnus machen / weder des das oben im
himmel / noch des das vnden vff erden /
oder des daß im wasser vnder der erdenn
ist. Bått sy nit an / vnd dien inen nit. Dann
ich der Herr din gott bin: ain starcker yf-
ferer / der da haymsůchet der våtter mis-
sethat an den kinderen biß in das dritt
vnnd | viert glid / die mich hassent: vnd |A6r
thůn barmhertzigkait an vil tusendt / die
mich lieb hand vnd min gebott haltend.
Hab lieb gott din herren vß gantzer diner
seel / vnd gantzen dinem gemůt / vnd uß
allen dinnen krefften / vnd den nåchsten
als dich selb.

II.

Du solt den namen des herren dines gottes
nit vergeblich fůren: dann gott wirt den nit
vnschuldig halten / der sin namen vnnütz-
lich fůret.

| III. |A6v

Gedenck deß Sabbaths tag / das du jn hai-
ligest. Sechs tag soltu arbeiten vnnd alle
dine werck schaffen / aber am sibenden tag
ist der Sabbath des herren dines gottes. Da
solt du kain geschefft thůn / noch din

sun / noch din tochter / noch din knecht /
noch din magdt / noch din vich / noch din
frŏmdlinger der in diner statt thor ist.
Dann sechs tag hat der herr himmel vnnd
erden geschaffen / das | mer vnd alles was
drinnen ist: vnd rŭwet am sibenten tag:
darumb sågnet der herr den Sabbaths tag
vnd hailiget jn.

IIII.

Du solt vin Vatter vnd mŭeter eeren / vff
das du lang låbest im lannd das dir der
herr geben wirt.

V.

Du solt nit tŏdten.

VI.

Du solt nit Eebrechen.

VII.

Du solt nit stålen.

| VIII.

Du solt kain falsche zŭgnuß geben wider
dinen nåchsten.

IX.

Du solt dich nit lassen glusten dins nechs-
tens huß.

X.

Du solt dich nit lassenn glusten dins nåchsten wybs / noch sins knechts / noch siner
magd / noch sins ochsen / noch sines
esels / noch alles das din nåchster hat.

18 Woran hangend diese gebott?
Antwurt: An dem / das man Gott lieb hab über alle ding.

19 Wie wirt | erkannt ob der mensch Gott lieb hab über | A8r
alle ding?
Antwurt. Also / wenn er lieb hat sin nåchsten / den er zů lieben gebotten hat.

20 Was ist die liebe des nåchsten?
Antwurt. Es ist das man wel[25] thůn dem nåchsten als jm selber / vnd jn überheben[26] will was ainer jm selber nit gündt.[27]

21 Worinn bschlüssend sich die gebott Gottes?
Antwurt. In der liebe.

22 Was ist die liebe?
Antwurt. Liebe ist ain gaab Gottes die dem nåchsten das wil vnd gündt das sy jr selbs gonnen wölt / von welcher Paulus also redt: Die liebe ist langmůtig vnd früntlich: die liebe yffert nit / die liebe schelckt nit[28] / sy blåyt sich nit / sy stellet sich nit hönisch / sy sůcht nit das jr / sy laßt sich nit erbitren / sy gedenckt nit arges / sy fröwt sich nit über die vngerechtigkait / sy fröwt sich aber mit der warhait / sy vertreyt[29] alles / sy glaubt alles / sy hoffet alles / sy duldet alles. Darumb S. Joannes spricht: Gott ist die liebe / vnd wår in der liebe blybt / der blybt inn Gott / | vnd Gott in jm. | A8v

1. Cor.13[,4–7].

1. Jo. 4[,16].

23 Durch was werdend wir fürderlich[30] zů der liebe geraytzt?
Antwurt. Durch den Herren Jesum / der vß liebe für

25 wel = wolle.
26 jn überheben = ihm ersparen.
27 was ainer jm selber nit gündt = was einer für sich selbst nicht wünscht.
28 schelckt nit = ist nicht bösartig oder arglistig.
29 vertreyt = erträgt.
30 fürderlich = in erster Linie.

vnns in den tod gegeben ist: vß liebe vom himmel gestigen / vnser schwachheit an sich genomen on sünd /
damit er vns von vnseren sünden erkouffte: der zů den
jüngeren also geredt hat: Ain nüw gebott gib ich üch /   Joan. 13[,34f.].
das jr vnderainanderen liebind wie ich üch geliebt han.
Da by wirt yederman erkennen das jr mine jünger
sind / so jr liebe vnderainanderen habend.

24 Wodurch ist Christus den menschen ain grund des
hayls?
Antwurt. Durch den glouben in Christo.

25 Was ist der gloub inn Christo?
Antwurt. Es ist inn sinen tod vertrüwen zů verzichung[31]
der sünden für die er gestorben ist.

26 Wo by wirt erkennt ob der mensch in Christum gloube?
Antwurt. By dem / ob er jn liebet: vnnd der liebet jn /
der sin gebott haltet. Als er selber spricht:[32] Hand jr
|B1r   mich lieb / so haltend mine gebott: aber | wår mich nit
lieb hat / der halt nit min wort.

27 Wie vil sind der gebott Christi durch welche er das
gsatz Mosi erlütert vnnd vollenklich[33] anzaygt hat?
Antwurt. Sechs. Das erst [/] Nit zů zürnen mit sinem   Matt. 5[,21–48].
brůder. Das ander[34] / nit zů sehen das weyb des nåchsten zů begåren. Dass dritt / nit zů verlassen das Eeweyb
on die vrsach der Eebrechery. Das viert / Nit onnützlich
zů schweren überall. Das fünfft / Übel umb übel nit zů
vergelten. Das sechßt / Lieb zů haben den fyend / vnd
wol denen thůn / so dir args thůnd.

28 Welches ist daß aller gröst werck der Christen?
Antwurt. Zů glouben in jn.

---

31   verzichung = Verzeihung, Vergebung.
32   Joh 14,15 und 24.
33   vollenklich = vollends.
34   ander = zweite.

59

29 Bewår das.

Antwurt. Christus spricht: Werdend jr nit essenn das
flaysch deß menschen sun / vnd trincken sin blůt / so
hand jr kain låben in üch / das ist / Werdend jr nit
glouben in mich / so hand jr nit das ewig låben: dann
wår in mich gloubt / der hat das ewig låben.

| *Der ander tail von der Hoffnung.* |B1v

30 Was ist die Hoffnung?

Antwurt. Hoffnung ist ain gab durch die der glŏubig
über alle geschŏpfft / sich an den aynigen[35] Gott laßt /
vnd versichert ist in allem dem so jm in sinem wort
verhayssen ist.

31 Wie zaygst du sŏlichs an?

Antwurt. Durch den Propheten David / der also redt:
Herr / zů dir schry ich / vnd sag / du bist min zůversicht.
Und an ainem andren ort: Gedenck dinen knecht an din
wort / vff welches du mich lassest hoffen: das ist min
trost in minem ellend / dann din red machend mich
låbendig.

32 Von welchen dingen ist aigenlich die hoffnung?

Antwurt. Von den dingen die nit vorhanden / sunder
zůkünfftig sind / also / wie Paulus spricht: Hoffnung die
gegenwürtigs vor ougen hatt / ist nit hoffnung.

33 Mag man in ain crea|tur hoffen? |B2r

Antwurt. Nain. Dann durch sŏlich hoffnung wirt Gott
die eer entzogen aines volkummnen vertrüwens / sam[36]

---

35 aynigen = alleinigen, einzigen.
36 sam = wie wenn.

60

er vns aynig[37] nit helffen vnd nit genůgsam sin mòcht /
das alles wider sin ewig wort ist: das wir jnn allain
eeren vnd jm allain dienen sòllend / darumb der glyss-
ner[38] hoffnung verderben wirt. Vnd spricht David: Wol   Job. 8[,13].
dem / deß hilff der Gott Jacobs ist / deß hoffnung stadt   Psal. 145[146,5f.].
vff dem Herren sinem Gott / der himmel vnnd erden /
meer / vnnd alles das darinn ist / gemacht hat / der
glouben halt ewigklich. Wie vnd[39] der Wyßmann:[40] Der   Pro. 18[,10].
Turn[41] der stercke ist der nam des herren / zů welchem
der grecht loufft vnd wirt erhòcht.

34 Zaig ain fürnem[42] verhayssung[43] Christi / in die sich die
hoffnung zücht?[44]
Antwurt. Acht puncten wil ich anzeigen.

I.

|B2v Selig sind die armen | im gaist / dann jr ist
das himelrych.   Matt. 5[,3-11].

II.

Sålig sind die senfftmůtigen / dann sy werdend besitzen die erden.[45]

III.

Selig sind die da laid tragend / dann sy
werdend getròst werden.

---

37 aynig = allein.
38 glyssner = Heuchler.
39 vnd = auch.
40 Wyßmann = der Weise. Gemeint ist Salomo, der als Verfasser der Proverbia gilt.
41 Turn = Turm.
42 fürnem = vornehm, bedeutend.
43 verhayssung, korrigiert aus »verhayssungen«.
44 in die sich die hoffnung zücht = auf die sich die Hoffnung bezieht, d.h. woran
sich die Hoffnung hält.
45 Auffallend ist, dass diese Seligpreisung (Mt 5,5) hier vorgezogen wurde (auch
noch in der zweiten Auflage von 1528) – So bereits bei den Böhmischen Brüdern. Die Gewaltlosigkeit erhält so einen besonderen Akzent.

IIII.

Selig sind die da hungerend vnd dürst nach
der gerechtikait / dann sy werdend geset-
tiget werden

V.

Selig sind die barmher|tzigen / dann sy
werdend barmhertzigkait erlangen.

|B3r

VI.

Selig sind die ains rainen hertzen sind /
dann sy werdend Gott sehen.

VII.

Selig sind die fridsamen / dann sy werdend
die sün gottes genant.

VIII.

Selig sind die da vervolgung lidend vmb
der gerechtikait / dann jren ist das himel-
rich: selig sind jr so üch die lüt schmä-
chend vnd ver|volgent / vnd redent allerlay
args wider üch / so sy daran liegend⁴⁶ vmb
minetwillen: habend fröud vnnd wonne /
es wirt üch im himel wol belonet werden.

|B3v

35 Was ist das ewig låben?
Antwurt. Es ist ain erkantnuß des waren gottes / vnd
deß den er gsandt hat Jesu Christi.

36 Wie vilerlay ist das ewig låben?
Antwurt. Zwayerlay: Ains ist hie im zyt der gnaden in
der gmainschafft vnsers Herren Jesu / welches die glöubigenn erlangend im gayst durch den glouben. Das ander låben ist die künftig glori.

---

46 liegend = lügen.

62

37 Glaubst du ouch in den hailigen gayst?
Antwurt. Ja ich gloub.

38 Was ist der haylig gayst?
Antwurt. Es ist Gott der Herr / der da ußgadt von Gott
|B4r dem | vatter vnd Gott dem sun.

39 Was ist Got der vatter?
Antwurt. Es ist Gott der Herr / der da hatt ain sun jm[47]
glych in der Gotthayt.

40 Was ist Gott der sun?
Antwurt. Es is Gott der Herr / der da hat ain ewigen
vatter.

41 So můstu dry gŏtter haben?
Antwurt. Nain / ich han jr nit dry.

42 Hastu jren doch dry genampt?
Antwurt. Das selbig geschicht nach den personen: aber
nach dem Gŏttlichen wåsen gloub ich aynen Gott zů
syn / der da aynig[48] wirdig ist deß lobs vnd der aller
hŏchsten eeren.

Der III. tail von der Eererbietung Gottes.

43 Wie eerest du Gott?
Antwurt. Mit dem gayst / von hertzen / mit dem
mund / vnd mit den wercken.

44 Wie mit dem hertzen?
Antwurt. Mit dem glouben / mit der Liebe / vnd Hoff-
|B4v nung / vnd | mit gůten begirden.

---

47 jm = ihm.
48 aynig = einzig, allein.

45 Wie mit dem mundt?
   Antwurt. Mit der bekennung vnd anrůffung sines na-
   mens / mit ußkündung siner mechtigkayt / wyßhait vnd
   grechtigkait / vnd warhait / mit begårung von jm der
   hilff vnd gnad / mit loben / prysen vnd båtten zů jm
   allein.

46 Wie mit den wercken?
   Antwurt. Mit der laystung siner gebotten / mit recht-
   schaffnem fasten / niderknyen / uff das antlit fallen / mit
   almůsen geben im namen vnsers Herren Jesu / vnd andren dienst der dem Herrn zůgehôrt.[49]

47 Den selbigen Gott den du also eerest / wie nemmpstu
   jn?
   Antwurt. Minen gnedigen vatter.

48 Wie båttestu jn an?
   Antwurt. Als der Herr Jesus lert / sprechende:[50] Also

Mat. 6[,9–13].

   sôllend jr båtten:

   Vnser vatter in dem himel. Din nam sye
   hailig. Din Rich komm. Din will | geschech |B5r
   vff erden wie in dem himel. Vnser tåglich
   brot gib vns hütt: Vnd vergib vns vnser
   schuld / wie wir vnseren schuldneren ver-
   gebend. Vnnd fůr vns nit in versůchung /
   sunder erlôß vns von dem übel. Dann din
   ist das rich vnnd die krafft / vnd die herlikait / in die ewigkait / Amen.

---

49 der dem Herrn zůgehôrt = der sich gegenüber dem Herrn ziemt.
50 sprechende = folgendermassen.

Der IIII. tail von der Abgöttery.

49 Eerest du ouch etlich ander Creaturen als Gott den
Herren?
Antwurt. Nain.

|B5v **50** Warumb?
Antwurt. Darumb / dann Gott hat es hart[51] verbotten /
do er sprach: Du wirst sy nitt anbåttenn noch eeren: Deu. 6[,13f.].[52]
Gott din Herren wirstu anbåtten / vnd jm allain dienen.

51 Worinn stadt aller betrug deren die vnder den Christen
verfûrt werdend?
Antwurt. Jn den iii. dingen / in der Abgöttery / in der
valschen erdichten Gaystlichayt[53] / Jn den tödtlichen
begirden / Jn den iii. dingen stadt aller yrsal / in welchen ouch der Tüffel / der von anfang bôß ist / wåg
funden hat aller siner anfechtungen.

52 Was ist Abgöttery?
Antwurt. Es ist die eer vnnd anrûffung die allayn Gott
zûgehôrt / den sichtbaren oder vnsichtbaren / vernünff-
tigen oder vnvernünfftigen /gaistlichen oder lyblichen
creaturen thûn / jnwendig oder vßwendig. Inwendig als
mit dem Gloubenn / oder Liebe / oder ytler Hoffnung /
oder mit gaystlichen begirden / also forcht oder
jnnwendiger sorgveltigkait[54] / vnd mit der gwißne.[55]

|B6r Vßwendig mit dem mund / oder | mit den wercken in
der hoffnung etwas von jnen lyblichs oder gaystlichs zû
erlangen.

---

51 hart = streng.
52 Nur ungefähr zitiert.
53 in der valschen erdichten Gaystlichayt. Gemeint ist die Ämterlehre der römisch-
katholischen Kirche, die zwischen Priestern und Laien fundamental unterschei-
det. Gemäss dem St. Galler Katechismus ist die Lehre vom »Weihepriestertum«
erdichtet, d.h. unbiblisch und deshalb falsch.
54 sorgveltigkait = Skrupelhaftigkeit.
55 gwißne = Selbstsicherheit.

53 Gloubstu in die Junckfrow Maria / oder in die andren Hayligenn?
Antwurt. Nayn / ich gloub nit in sy.

54 Warumb?
Antwurt. Darumb das sy nit Gott vnd schöpffer / noch erlöser / noch seligmacher sind / sunder erkouffte vnd geseligete[56] geschöpfft. Aber ich gloub von jnen.

55 Was gloubstu von der Junckfrow Maria?
Antwurt. Das / das sy ist vßerwelt von Gott / voll gnad / Gesegnet vnder den wyben: vnd gesegnet die frucht jrs lybs Jesus Christus. Vnd das sy rain vor der geburt / in der geburt / vnnd nach der geburt sye: ain demütige dienerin vnd selige junckfrow / vmb jres gloubens willen: ain trüwe müter vnsers Herren Jesu Christi. Vnd das sy besitz gewißlich das erb in den ewigen fröudenn. Vnd das sy zů allen disen dingen ist kommen / vß der gnad Gottes in der gmainschafft des lydens vnnd ster|bens jrs lieben suns vnsers Herren Jesu Christ. |B6v
Jn jm vnd durch jn thett jr Gott grosse ding / darumb vns zů erkennen ist / vnnd von jr zů wüssen was Gott in jr vnd durch sy als ain auserkießt handgschirr[57] / gewürckt hab / darumb sol jr gedåchtnuß mit lob vnd pryß / vnd mit dancksagung zů Gott gehalten werden / wie aller anderen Seligen / zů denen wir billich als zů abwesenden fründen liebe tragend: dann sy fürneme glieder des lybs Christi warend.

56 Was haltestu wyter von den Haylgen?
Antwurt. Das sy sin vßerwelt vß der gnad Gottes zů der gmainsame[58] vnsers Herren Jesu / vnnd durch die begabung des hailigen gaists darzů komen / das sy sind in Christo geliept hailigen / vnd mit seinem blůt geraynget:

---

56 geseligete = in den Stand der Seligen erhoben.
57 auserkießt handgschirr = auserwähltes Werkzeug.
58 gmainsame = Gemeinschaft.

vnd das sy habent geläpt im glouben: vnd Gott lieb
gehabt über alle ding / vnd jren nåchsten als sich selb:
vnnd das sy Gott allain hand geert / vnnd jm allain
gedient: vnd also etlich gstorb|ben deß gmainen
tods⁵⁹ / on vervolgung: etlich sind abgangen⁶⁰ durch
zwangsal der lüten:⁶¹ hannd erlitten die marter vmb des
wort Gottes vnd gôttlicher eer willen: sind tôdt worden
von den Abgôettischen durchåchter⁶² / falschen propheten / vnnd liebhaber der welt.

57 Zimpt es sich die junckfrow Maria oder andern Hail-
genn zů eeren?
Antwurt. Ja mit der eer die jnen zůgehôrt.

58 Welches ist die eer die jnen zůgehôrt?
Antwurt. Das man jnen nachvolge in gůtem / das sy
gethon hand vß der krafft Gottes / den man ouch loben
sol vmb sy.

59 Worinn sol man jnen ghorsam sin?
Antwurt. Jn dem / was sy hand geradten vnd ist be-
schriben in der gôtlichen geschrifft / vnnd zůmal der
junckfrow Maria / die da spricht:⁶³ Alles w[a]z üch min
Sun sagt das thůnd.

60 Worinn sol man jnen nachvolgen?
Antwurt. Jn jrem tugentsamen låben / darinnen sy
Christo nachvolgten mit ainem låbendigen glouben /   1. Cor 11[,1].
vnd mit wircklicher liebe / | die vmb die hoffnung deß
ewigen låbens sich gearbeitet vnd duldet hand / biß in
tod mit verachtung der welt vnnd jrer lüsten.

61 Mit welcher eer zympt sich nit die Haylgen zů eeren?

59   deß gmainen tods = eines natürlichen Todes.
60   abgangen = gestorben.
61   zwangsal der lüten = Unterdrückung durch Menschen.
62   durchåchter = Verächter.
63   Joh 2,5.

Antwurt. Mit vorgemålter[64] die da allain Gott zůhôrend[65] vnd dem Lemli[66] Jesu / vnnd also zimpt sich nit die Haylgen anzůbåtten / gnad / hilff / vnd fürbitt von inen zů begåren / oder begabung deß gůten / vnd behůtung von dem übel. Khaines deren dingen / nit hoffnung in sy setzen / noch die junckfrow Maria (wie die glyssner[67] tůnd) sin aynige[68] hoffnung haissen / vnd ain mitlerin / vnd aller barmhertzigeste Můter / vnd zů jr nit ersünfftzgen[69] / vnd also ouch vsserlich eer / zimpt sich nit zů erbieten. Also fyrtag zů fyren / opfferen / dienen / båtten / inen almůsen geben / fasten / noch durch jre namen schweren oder gelübdt thůn / noch walfaren / oder kirchen buwen.

62 Zimpt es sich aber dem bild unsers Herren Jesu zů naygen vnnd anzůbåtten?

Exod. 20[,4f.].

| Antwurt. Nain. Dann Gott der Herr spricht: Mach dir |B8r nit ain gegrabenn bild / mach kain glychnuß. Du wirst sy nit anbåtten noch eeren. Ich bin der Herr din Gott.

Von dem Sacrament deß lybs Christi.

63 Zimpt es sich dann ouch dem Herren Jesu zů naygen oder anzůbåtten im Sacrament sins lybs vnnd blůts? Antwurt. Nain / vnd das darumb / das er da nit ist mit selbstendigem noch natürlichem wesen / noch person-lich / sunder also ist er im himmel zů der grechten[70] sines vatters in seiner glori: nach der bekantnuß des Christenlichen gloubens vnd der hailigen gschrifft zügnuß / vnd wirt nit herab vff diß welt stygen biß zum letsten Gricht. Vnd ouch darumb sol man jn nit im Sa-

64   vorgemålter = oben bereits angegebener.
65   zůhôrend = gebührt.
66   Lemli = Lämmlein.
67   glyssner = Heuchler.
68   aynige = einzige.
69   ersünfftzgen = Seufzer an sie richten.
70   grechten = rechten Hand.

68

crament anbåtten / das er es hart[71] und | ernstlich ver-
botten hat / do er sprach / Matth. am xxiiii. capitel:[72]
Ob sy üch sagend: Sehend / allhie ist Christus oder da /
so sǒllend jr nit glouben: dann es werdend valsch Christen vnd valsch propheten vffston / vnd grosse zaichen
vnd wunder thůn / also das / wo es müglich wǎr / ouch
die vßerwelten verfůrt wurdind in den yrrthumb. Secht
ich habs üch vorgsait.[73] Darumb wenn sy üch sagen
werdent: Sich[74] er ist in der wǔste / so gond nitt hinuß:
sihe er ist in er kamer / so gloubends nit. Dann glych
wie der blitz vßgadt vom Vffgang / vnd schynet biß zum
Nidergang / also wirt ouch sin die zůkunfft des menschen Sun.

64 Was gebürt sich dann zů thun by disem wirdigen Sacrament?
Antwurt. Es gebür zů glouben / wo das brot vnd der
kelch in der mainung vnnd vffsetzung des Herren Jesu
von siner Christenlichen Kirchen / durch trüw diener /
ordenlich geraicht wirt mit dem gebott vnd wort des
Her|ren / bezügt vnd anzaigt / das Christus sin lyb für
vns geben / vnd mit sinem blůt vnns ain mal gerainiget
hat. Da by bedüt es ouch / das wir alle die in den tod
Christi vertrüwent die warhaffte gmainschafft sind deß
gebrochnen lybs vnd vergoßnen blůts. Wie Paulus sagt: 1. Cor. 10[,16–17].
Das brot der Dancksagung das wir brechend / ist es nit
die gmainschaft des lybs Christi? Vnnd der kelch der
benedyung / welchen wir benedyent / das ist / lob vnd
danck sagend / ist er nit die gemainschafft des blůts
Christi? Dann wir vil[75] sind ain brodt vnd ain lyb / die
wir ains brots taylhafftig sind etc. Vnd das geschicht
mit ainem vsserlichen wǎsen zů dienst vnd bruch des

71 hart = streng.
72 Mt 24,23–27.
73 vorgsait= vorhergesagt.
74 Sich= siehe.
75 vil = die vielen.

gaistlichen[76] / welches das Sacramentlich brot vnd kelch / gebüt vns Christus zů essen vnd zů trincken / vnd ain wirdige gedåchtnuß zů halten sins gebrochnen lybs vnnd vergoßnen blůts / für vns gethon zů vergebung der sünd / ja ouch zů halten die verkündung sins | |C1v

1. Cor. 11[,26].

tods biß er widerkumpt / vnd mit der gedåchtnuß sich zů vernüweren in der gmainschafft des Herren Jesu / in ainer fridsamen gewüßne[77] / vnnd in der Hoffnung mit allen glöubigen sich zů stercken vnd vestigen zů der mühe des Christenlichen låbens / vnnd damit erwecken vnd bewegen / zů eer / lob / vnd dancksagung durch die gedåchtnuß in ainer vffhebung des hertzenes zů dem Herren Jesu Christo / der da ist zů der gerechten[78] sines vatters im himmel wesentlich. Durch sin gaist aber in allen glöubigen würcklich vnd mit gnaden / als in ainem hailigen tempel / vnnd wirt nun fürhin das rych der himlen in den glöubigen so in dem sterblichen flaisch sind / durch den tröster den jungeren mit zaichen vnd wunderthaten gesandt / gemert / geübet / vnd erhalten biß zů end der welt. Dann wie von anfang Gott der Herr in sinem hohen namen sich harfür thon hat dem menschen / den er geschaffen hat / mit der berůffung / | |C2r

mit verhaissung / mit ynsatz sichtbarlicher zaichen / vnd

Joan. 6[passim].

nachmals mit eroffnung des gsatzes.[79] Also ist ouch in die welt zů siner zyt kommen Jesus Christus / den Gott der vater versiglet hat / vnnd über jnn mit håller stimm

Matt. 3[,17[.

als sinen geliebten sun / bezüget / den man hören sölle / der da anzaiget ist künfftig sin[80] von dem gayst in den propheten / von welchem alle bedütung der erlösung / mit allen figuren[81] siner gnaden vffgethon

---

76   zů dienst vnd bruch des gaistlichen = um dem geistlichen (Wesen) zu dienen und es zu gebrauchen.
77   gewüßne = Gewissheit.
78   gerechten = rechten Hand.
79   gsatzes = Gesetzes.
80   künfftig sin = dass er kommen wird.
81   figuren = gleichnishaften Hinweisen auf.

vnd entschlossen[82] sind: dann er was das Liecht / er was   Joan. 14[,6].
der wåg / die warhait / vnd das låben: welcher vffer-
standen ist nachdem er alle ding vollbracht hat / vnd ist
herrlich[83] worden: vnnd hat die versůnung zwüschend
Gott vnnd dem menschen / an seinem warhafften lyb /
versiglet in die himmel hingenommen. (Er hat můssen   Act. 3[,21].
den himmel ynnemmen biß vff die zyt / das hårwiderbracht[84] werde alles was Gott geredt hat durch den
mund aller siner hailigen Propheten von welt an.) Nach
| C2v | der Vffart Christi ist in die welt gesandt der Trôster /
Gott der Hailig gaist / mit wunderbarlicher bezügnuß
der fhürinen[85] flammen vnd gaaben der spraachen /
welcher vns nit gsant were / wo Christus nit in die himmel genommen wår. Diser gaist blybt ewig by vns / lert   Joan. 14[,15[.
vns alle warhait / machet vns sighafft / vnd bevestnet[86]
vns. Welche diser gaist trybt / die sind kinder Gottes.   Rom. 8[,14].
Also ist Christus der da gstorben ist / ja der da erstan-
den ist / vnd sitzt zů der Gerechten[87] Gottes in den
himmlen. Der Gaist aber / das gnadenpfand / der ge-
genwürtigklich rychßnet[88] in aller glôubigen hertzen /
welchen Paulus ouch den gayst Christi nennet / vnd
Christum selbs / darumb das er mit Christo nach der
gothayt / ain warer Gott ist. Darumb man Christum /
Gott vnd menschen / lyblichen vff erdenn nit sůchen /
bekennen / noch glouben soll. Die menschait hat das jr
vff erdenn in Christo Gottes sun volbracht / vnd ist vß
| C3r   der nidrung / in der | Christus die sünd gtragen / erhôcht
vnd hingenommen worden / vnd ist vns durch Christus
ee er vß der welt schied / in dem gaist den der vatter in
sinem des suns namen / senden wurd / aller trost / aller

---

82   entschlossen = aufgeschlossen, entschlüsselt.
83   herrlich = verherrlicht.
84   hårwiderbracht = erfüllt.
85   fhürinen = feurigen.
86   bevestnet = festigt, stärkt.
87   Gerechten= rechten Hand.
88   rychßnet = regiert.

vnderricht / vnd aller bystand zůgesagt. Darumb das
gantz rych der kirchen / nüt anders dann ain låbendig
rych des gaists ist / vnd wie vom anfang sich der vatter
geoffnet / darnach der sun / zůletst der Hailig gayst.
Also stadt vnser gloub in das Rych Gott des Vatters /
Gott des Suns / vnd Gott des Hailigen gaists / in ain
Gotthait vnd ain wåsen. Aber Christus nach der menschait / nit Got noch ain gaist / sunder ain warer
mensch ist: doch mit der Gotthait ayn person / vnd von

1. The.[89] 4[,16f.].

uns gangen: widerkünftig ist Gott vnd mensch[90] [/] zů
richten / die so im låben ergriffen werdend / vnd vnd[91]
die so gestorben sind.

| *Der V. tail von der falschen erdichten* |C3v
Gaistlichait / vnd truglichen hoffnungen.

65 Wie jrrend die verfůrten lüt / in der valschen erdichten
gaistlichait?
Antwurt. Wenn sy die rechten gaistlichait nit erken-
nend.

66 Was ist die warhaft gaistlichait?
Antwurt. Wenn sy in der rechten grüntlichen warhait /
des Gloubens / der Liebe / vnd der Hoffnung / mit den
wercken gehalten wirt / in der nachvolgung vnserem
Herren Jesu.[92]

67 Was ist die falsch Brůderschaft / junckfrowschafft / vnd
Priesterschafft?

89 Im Druck irrtümlich 2. The.
90 widerkünftig ist Gott vnd mensch = wieder kommen wird sowohl in seiner
göttlichen als auch in seiner menschlichen Natur.
91 vnd vnd = sowie auch.
92 mit den wercken gehalten wirt / der nachvolgung vnserem Herren Jesu = sich in
der Praxis daran hält, Jesus nachzufolgen.

Antwurt. Das / wann sy allain gründt ist vff vsserlich
breng⁹³ / vff alte herkomen / vff gwonhayten / vnnd vff
erdichte menschensatzungen / oder vß erwellung⁹⁴ sins
aignen willens / der nit gründt in der warhafftigen Góttlichen geschrifft / vnnd in summa / was yrthumb | vnd
verfûrung ist vß leren vnd satzungen die mit håller⁹⁵
gschrifft nit bevestnet môgent werden: vil mer die wider
Gottes leer strebend.

|C4r

Von der betruglichen Hoffnung.

68 Wie jrrend die verfûrten in der truglichen Hoffnung?
Antwurt. Also / wann sy nit rechte erkantnuß des Gloubens hand / wo / vnd worinn die recht hoffnung ist /
vnd wodurch ordenlich geben wirt die hoffnung der
gnaden vnd góttlichr hilff / vnd die ewig glori.

69 Wo vnd in wåm ist die recht hoffnung?
Antwurt. In Gott mechtiklich / Jn Christo verdienstlich / vnd in den gaaben des Hayligen gaists (die da
wirdig machend) tayhafftigklich / im glouben grundtlich / in der grechtikait des gloubens warhafftigklich / in
den wercken bewårlich: in der kir|chen der dienstbarlichen zaichen dienstbarlich:⁹⁶ in dem wort Gottes erklårlich⁹⁷ / in den Sacramenten bezüglich.⁹⁸

|C4v

70 Worinn ist die hôchst hoffnung?
Antwurt. In der verhayssung des Testaments vnd
pündtnuß Gottes / die er mit vns gmacht durch das blût
sines suns.

93 breng = Gepränge.
94 erwellung = Entscheidung.
95 håller = klarer bzw. deutlicher.
96 in der kirchen der dienstbarlichen zaichen dienstbarlich = in der Kirche, in der
    die Zeichen bzw. die Sakramente dienlich, d. h. ordnungsgemäss, gefeiert werden, dienlich.
97 in dem wort Gottes erklårlich = die das Wort Gottes richtig auslegen.
98 in den Sacramenten bezüglich = die sich auf die (schriftgemässen) Sakramente
    beziehen.

73

71 Wordurch wird gegeben die hoffnung / die da ist ain
sicherung der gegenwürtigen gnad Gottes / vnd der tai-
hafftkait Jesu Christi / in siner gerechtigkait / die er vns
verdienet hat zů der ewigen glori?
Antwurt. Durch die verhaissung Gottes vnd verbindung
des gloubens / in das Testament Gottes[99] / in dem / das
wir styff[100] beharrend biß an das end.

72 Wo růwend dann[101] die yrrenden sunst mit jrer hoffnung an das yetzgemelt?[102]
Antwurt. Etlich vß fråfel vff die gnad Gottes on die
bessserung jrs boesen låbens. Etlich in den todten glouben on die liebe / on die kain ding nütz ist. Etlich vff der
empfahung des Sacramentes | in der letsten stund. Etlich |C5r
vff das vsserlich tempel breng[103] / vff die offtmals emp-
fahung des Sacraments. Etlich in fasten / gebått / almůsen geben / on die wahrhait deß gloubens vnd der
rechten bůß. Etlich vff die ghorsame des Bapsts / der
Rômischen kirchen / on die ghorsame des wort Gottes.
Etlich in hilff der Hailigen / vnd jrer fürbitt / vnd in
walfarten zů jnen. Etlich in sprechung deß Rosen-
krantz / vnd anderer erdichten langer vnd vnützen ge-
båtten. Etlich in der rainigung des erdichten Fågfhürs.
Etlich vff begabung[104] in die kirchen / vnnd an die pfaf-
fen / mit zierden[105] vnd opffren. Etlich vff die Münch /
vnd vff jre verdeckte / falsche / glyssende[106] / gaystlich-
ait / so sy jnen gebend jr gůt vnd hab. Etlich vff den
gůten wercken / on die erkantnuß sin selbst / vnd on die
begryffung der gerechtigkait / die vor Gott gilt / die vß

99   verbindung des gloubens / in das Testament Gottes = indem der Glaube sich an
      den göttlichen Bund hält.
100 styff = fest.
101 Wo růwend dann = worauf stützen sich dann.
102 das yetzgemelt = das hier Dargelegte (über die Hoffnung).
103 tempel breng = Tempelgepränge, Tempelprunk.
104 begabung = Vergabungen.
105 zierden = kostbarer Kirchenschmuck.
106 glyssende= heuchlerische.

dem glouben kumpt / vnd vß vernüwerung des Hailigen
gaysts flüsst. | Und also ist der trüglichen hoffnungen
vnzalbarlich[107] / als man lernet allenthalb vß der
gschrifft.

Der VI. tail von den Tôdtlichen begirden.

73 Womitt wirdt der glôubig am maisten angerendt[108] / mit
tôdtlichen begirden?
Antwurt. Mit ergernuß / von denen har die der kirchen
vorstand / sy sygind diener des worts oder des
schwårdts.

74 Wie verergerend[109] die diener des worts?
Antwurt. So sy vffgeblasen sind in aygensinnigen leren / genaigt zů zangg vnnd vnfriden / unkünsch[110] /
fressig / hoffertig / gytig / begirig zuo regieren / in eer /
guot / titteln / vnnd pracht posterlich[111] farende / welches alles wider die demůt Christi / vnd alle ainfaltig-
kait der geschrifft strebt: vnd gewüßlich | den Wolff an-
zayget in der schaaffhut[112] / von welchen man sich be-
waren sol / vnnd jren låben nit nachvolgen. Dann Pau-
lus anzaigt / das die warhait hingenommen[114] sye / de-   1. Tim. 6[,17].[113]
nen die vermainend es sôlle Gott angenåm sin / nach
gwün vnd guot stellen.[115] Also verergerend all falsch-
gaistlich / so sy Jesum mit dem mund bekennend vnd

---

107 vnzalbarlich = unzählbar.
108 angerendt = angegriffen.
109 verergerend = erwecken Anstoss.
110 unkünsch = unkeusch.
111 posterlich = übermütig, frech.
112 schaaffhut = Schafspelz.
113 Im Druck verschrieben.
114 hingenommen = weggenommen.
115 stellen = streben.

ain fürnemlich tail der sinen sin wellend / jn[116] leren
vnnd predgen lassend / vnd daby in allem thůen vnd
lon / weder liebe noch glouben bezügend. Vmb zytlichs
gůts willen[117] niemant vffsetzend:[118] ja / das zů erbar-
men ist / die leer Christi vnnd verjechnen warhayt[119] /
on scham widerfechtent vmb jeres nutzes willen / vor

Mat. 21[,12f.].

denen Christus die sinen allweg gewarnet hat.

75 Wie verergerend die diener deß schwårdtes?
Antwurt: So sy dem übel nit allayn nit weerend / sunder
selb dem selbigen anhangend / das gůtt nit fürderend /
das bőß nit straaffend / die das verderben der jren | on |C6v
truren ansehen mőgend / denen aigner nutz für[120] gemaynen frommen[121] angelegen ist: dann wo sőlichs geschicht / so wirt der glőubig antast vnd zum abfal geraitzt. Darumb es ain erbårmd[122] vnd gnad Gottes ist /
wo die Oberkayten sich der vnderthonen hayls vnd anligens vndernemmend[123] / mit straaff des bősen / vnd
fürderung des gůten: mit Gotsfőrchtigkait / vnnd liebe
sines worts. Zů glycher wyß sol man nachvolgen den
trüwen dieneren / welche mit rechtem sinn vnd verstand
jr leer fürgend[124] / vnd mit jrem låben der warhayt die-

Phil. 3[,17].

nend. Von denen S. Paul sagt: Volgend nach denen die
also wandlend / als jr hand vnser byspil. Zum dritten /
zimpt sich zů flüchen die vrsach der Abgőttery / der
tődtlichen begirden / vnd die gesellschaft / die denen
dingen nachvolget. Als Gott spricht durch den Propheten / vnnd Sant Joannes in der Offenbarung:[125]

---

116 jn = ihn (Jesus).
117 Vmb zytlichs gůts willen = weil ihnen die irdischen Güter wichtiger sind.
118 vffsetzend = aufrichten, erbauen.
119 die leer Christi vnnd verjechnen warhayt = die Lehre Christi und die Wahrheit
des Bekenntnisses.
120 für = mehr als.
121 frommen = Nutzen.
122 erbårmd = Barmherzigkeitserweis.
123 vndernemmend = annehmen.
124 fürgend = vortragen.
125 Jes 48,20; Jer 51,6 und Offb 18,4.

76

Gond vß an mitt von jnen.[126] Zum vierdten / zimpt es sich / zůgsellen de|nen die da trülich vnnd warhafftigklich die eer Gotts ůbend. Von denen sagt David: Mit den hayligen wirstu haylig. Psal. 18[,26].

Der VII. tail vom yngang in die gmaysame der Christglǒubigen.

76 Durch weliche ding sol der mensch yngon in die aynigkait der glǒubigenn?
Antwurt. Durch die vnderthenigkayt vnd ghorsame / vnnd durch die vnderwerffung der Christenlichen ordnung / vnnd durch die bewarung der ainmůtigkait mit der Christenlichen gmaynd in der vffnimmung[127] der leer / vermanung / straaff / warnung / vnd flyssiger behůtung der gebott Gotts von der gůten sitten / die da dienend zů der warhait.

77 Was ist darzů not?
Antwurt. Das / | als die geschrifft[128] sagt: Sun / So du wilt trettenn zum dienst Gottes / so stand in der grechtigkayt vnd forcht / berayt din seel zů der versůchung: demuetige din hertz / vnd lyd alles was dir vffgelet wirt / das empfach / vnd duldts im schmertzen / das din lǎben wachß in letsten tagen / zum ewigen lǎben / in der vrstende[129] der gerechten. Die anfechtungen aber geschechend vorab von dem tüfel durch die bǒsen yngebungen in das gmůt. Ouch von der welt durch bǒß Eccle. 2 [Sirach 2,1–4].

---

126 Gond vß an mitt von jnen = Geht weg aus ihrer Mitte!
127 vffnimmung = Annahme.
128 Dass hier aus der »Schrift« Jesus Sirach zitiert wird, zeigt, dass in den Anfangsjahren der Reformation noch nicht zwischen Altem Testament im strikten Sinn (hebräische Bibel) und den »Apokryphen« unterschieden wurde. Man hielt sich an die Vulgata.
129 vrstende = Auferstehung.

77

vrsachen zů der ergernuß / vnd von unserem lyb durch
die zerstörlichen begirden. Aber wår überwindt / vnd
beharret biß an das end / der wirdt selig.

| *Der VIII. tail vnnd der letst / vom Touff /* |C8r
Frag der Priesteren.

78 Was ist der Touff der Christen?
Antwurt. Es ist der befelch Christi vnsers Herrenn / da
wir mit wasser begossen werdend vnd getoufft / in aynem lyb / im namen deß Vatters / des Suns vnnd des
Hayligen gaists.

79 Wozu bistu getoufft?
Antwurt. Zů der bůßfertikait.

80 Was ist die?
Antwurt. Von den sünden gerainget werden durch den
glouben / vnd in ainem nüwen låben nach Gott wandlen.

81 Was rayniget die sünd / das wasser?
Eph. 1[,7]. Antwurt. Nain / sunder das blůt Jesu Christi.

82 Was ist dann das wasser giessen?
Antwurt. Es ist ayn wirdig Sacrament[130] / von welchem
wir ermanet werdend / der krafft die dardurch bedüt
wirdt.

83 Welche ist die?
Rom. 6[,1–4] Antwurt. | S. Paul spricht: Wie soltend wir in der sün- |C8v
den wellen låben / deren wir[131] abgestorben sind / wüs-
send jr nit / das alle die wir in Jesum Christ getoufft

---

130 Sacrament = Zeichenhandlung.
131 Im Text »mir«.

sind / die sind in sinem tod getoufft? So sind wir ye mit jm begraben durch den Touff in den tod / vff das glych wie Christus ist vfferweckt von den todten / durch die herlikait des vatters / also sôllend ouch wir in ainem nüwen lâben wandlen.

84 Hand die kind ouch sünd des tods wirdig?
Antwurt. Ja / Dann wir alle sind in Adam gestorben / vnd dôrffend[132] gerayniget zů werden durch den tod Christi / welcher ouch die kind rechtfertiget.

85 Mit was hilff wirstu in ainem nüwen lâben wandlen?
Antwurt. Durch die krafft des hailigen gaists / mit wel- Rom. 8[,13].
chem wir jnnwendig getoufft mûssend werden / vnd Act. 1[,5].
also das wir Gott vnd nit dem flaisch vnnd sünden lâbend / welches Gott anzaigt hat zur zeyt der Be-schnydung / vnnd durch Mosen geredt: Beschnydent die
|D1r vor|hut üweres hertzens!

86 Wenn wirt dises volbracht?
Antwurt. Wenn wir die glider der sünd / das ist die anfechtungen / vß der krafft des hayligen gaists / nit lond herschen an unserem lyb / jre lüst zů thůn / sunder das wir sy tôdent. Das wirt aber ain end haben so wir das yrdisch / tôdtlich / sündtlich huß / vnseren lyb / werdend vß ordnung Gottes / der erden zů der rûwen befelhen / oder ob vns des Herren tag ergryffen wurd / das vnsere lyb verwandlet / dem Herren entgegen wer-dend faren in die lüfft[133] / vnnd darnach mit clarificier-tem lyb vnnd seel / besitzenn die ewigen rûw. Das helff vns Gott / Amen.

132 doerffend = bedürfen.
133 1Thess 4,17.

79

Die Elteren oder priester mögend
zů der jugend sprechen:

Gott aller gnaden vnnd barmhertzikait /
stercke üch | in der erkanntnuß sins suns
vnsers lieben Herren Jesu Christi / in der
krafft deß gôtlichen gaists. Dem sye lob /
dannck / glori / gwalt / krafft / vnd rych /
jmmer vnnd ewigklich. Amen. Gond hin
im friden / vnnd bittend Gott für ainanderen.

Getruckt zů Zürich by Christoffel Froschouer.

MDXXVII.

Eine persönliche Nachbemerkung

Jetzt, da ich mit meiner Arbeit als Herausgeber fast am Ende bin, möchte ich rückschauend festhalten, dass mir dieses Projekt nicht immer leicht fiel. Christian Moser vom Institut für Schweizerische Reformationsgeschichte an der Universität Zürich schlug mir im Sommer 2015 vor, den St. Galler Katechismus zu edieren, das wäre etwas für mich, der ich doch bereits das St. Galler Kirchengesangbuch herausgegeben hätte. Zunächst zögerte ich. Ich kannte das Büchlein. Als ich zusammen mit meiner Frau die »Kleine St. Galler Reformationsgeschichte« schrieb, hatte ich das Exemplar in der damaligen Stadtbibliothek Vadiana in der Hand. Ich nahm Fotokopien davon nach Hause mit und las es durch. Das Titelblatt dieses Exemplars verwendeten wir für eine Illustration in unserem Buch. In einem Gottesdienst, in dessen Rahmen Katechetinnen und Katecheten das Diplom überreicht wurde, hielt ich eine Predigt über die beiden Bibelsprüche auf dem Titelblatt. Besonders der zweite hatte es mir angetan. »Ihr Väter, reizt eure Kinder nicht zum Zorn.« Es waren die Jahre, in denen Tilmann Moser mit seinem Buch »Gottesvergiftung« Furore machte.[1] Wichtig war mir, der ich damals ein junger Vater war, eine kinderfreundliche Pädagogik, was dann auch Eingang in mein erstes grösseres Buch »Das Kind in der Mitte« fand.[2] Dass

1 Tilmann Moser: Gottesvergiftung. Frankfurt a. M.: Suhrkamp, 1976.
2 Frank Jehle: Das Kind in der Mitte. Zürich – Köln: Benziger, 1981. Im Buchhandel erschienen mit dem Titel: Augen für das Unsichtbare. Grundfragen und Ziele religiöser Erziehung.

eine solche Haltung bereits im 16. Jahrhundert vertreten wurde, gefiel mir.

Im Übrigen liess mich der St. Galler Katechismus aber eher kalt. Erst in den letzten Monaten nahm ich ihn wieder in die Hand. Ich stellte fest, dass das Exemplar in St. Gallen eines der zweiten Auflage ist, während eines der älteren ersten von 1527 (inhaltlich identisch, aber mit orthografischen Unterschieden) in Zürich liegt. Und mit Staunen erfuhr ich, dass verschiedene Forscher bereits im 19. Jahrhundert, im Zeitalter des Historismus, sich damit beschäftigt hatten. Sie leisteten eine gute Arbeit. Man kann fast nichts Neues herausfinden. Der wissenschaftliche »Fortschritt« besteht offenbar oft darin, dass die von früheren Generationen erarbeiteten Resultate wieder in Vergessenheit geraten.

Kurz und gut: Ich begann mir den historischen Hintergrund des St. Galler Katechismus deutlicher zu machen. Neu stiess ich auf Beispiele für explizite religiöse Erziehung auch in den Jahrzehnten *vor* der Reformation. Offensichtlich verhält es sich so, dass der Übergang vorreformatorisch – reformatorisch ein fliessender ist. Nicht nur, besonders aber die Waldenser und die Böhmischen Brüder waren diesbezüglich Pioniere.

Die wohl wichtigste Aufgabe, die mir als Herausgeber zufiel, war die Transkription des Textes. Anfänglich musste ich mich dazu zwingen, mich an den Computer zu setzen und das in altertümlichen Buchstaben Gedruckte Buchstabe für Buchstabe abzutippen. Aber dann kam es so heraus: Die Arbeit des Transkribierens nötige mich, ganz langsam zu lesen und mit grosser Sorgfalt. Und immer mehr wurde ich von diesem alten Text gefesselt. Ich habe mich fast ein wenig in ihn »verliebt«. Ich fing an zu staunen, zuerst über die umfassenden Bibelkenntnisse seiner Verfasser, dann auch über ihre hohe theologische Bildung. Auf und noch mehr zwischen den Zeilen merkt man, wie intensiv sie an den seinerzeitigen theologischen Auseinandersetzungen Anteil nahmen. Ihre Urteile sind bedacht, etwa, wo es um die Marien- und die Heiligenverehrung geht. Auch in den Debatten über die damals heiss umstrittenen Themen Taufe und Abendmahl kannten sie sich aus, und sie bildeten sich eine eigene Meinung.

In Anbetracht der Tatsache, dass die Reformation in der Schweiz im Sommer 1527 erst drei bis vier Jahre alt war (die beiden Epoche machenden Zürcher Disputationen datieren von 1523 und das erste Ratsmandat zur Kirchenreform in St. Gallen vom 5. April 1524), war die Entwicklung atemberaubend schnell. Der St. Galler Katechismus enthält die voll ausgebildete Tauf- und Abendmahlslehre der Kirchen, die später »reformiert« genannt werden sollten. Die so genannten »Sakramente« werden in erster Linie als Verkündigungshandlungen dargestellt. Heilsnotwendig sind sie nicht, aber trotzdem von Bedeutung. Nicht das Taufwasser wäscht unsere Sünden ab, sondern das Blut Christi. Aber es ist gemäss dem St. Galler Katechismus gut, diesen Sachverhalt bereits bei neugeborenen Kindern zu bezeugen, da ja auch sie schon »in Adam« sind. Allerdings genügt die Taufe nicht, wenn nicht praktische Folgerungen für die Lebensgestaltung daraus gezogen werden. Darin gründet sich die Notwendigkeit der religiösen Erziehung.

In der Abendmahlslehre wird bereits 1527 die voll ausgebildete Lehre vom »Extra Calvinisticum« vertreten.[3] Nach seiner menschlichen Natur sitzt Jesus zur Rechten seines himmlischen Vaters. Es wäre deshalb irreführend, sich vor dem Abendmahlsbrot zu verneigen. Aber es gibt eine spirituelle Realpräsenz. Als eine der drei Personen der Trinität ist Christus gegenwärtig nach der Art des Geistes.

---

3 Einen umfassenden Überblick über die Entwicklung der Abendmahlslehre Zwinglis (und dann auch der St. Galler Theologen) findet sich in: Gottfried W. Locher: Die Zwinglische Reformation im Rahmen der europäischen Kirchengeschichte. Göttingen: Vandenhoeck & Ruprecht, 1979, S. 283–343. Hier S. 299: »Der Nachtrag des *Subsidium* vom August 1525 trägt zum ersten Mal feierlich das Argument vor, dass der Leib Christi, zur Rechten Gottes im Himmel sitzend, nicht zugleich auf Erden in Brot und Wein weilen kann; er bleibt dort bis zum jüngsten Tag.«

Man hat dem St. Galler Katechismus seinen »buntscheckigen Charakter« vorgeworfen, er sei »ein buntes Durcheinander von 8 Teilen«.[4] Diese Äusserungen sind bis zu einem gewissen Grad verständlich. Angesichts der verwickelten Entstehungsgeschichte des Büchleins war es kaum zu vermeiden. Wenn man aber das Büchlein sorgfältig und langsam liest, entdeckt man trotz allem so etwas wie einen roten Faden. Es geht um den Glauben, die Liebe und die Hoffnung. Und es ist theologisch tief begründet, dass diese drei nicht um der Übersichtlichkeit willen auseinander geschnitten werden können. Dabei nimmt die Liebe im ganzen kleinen Werk wohl den wichtigsten Platz ein. Die Autoren kommen stets darauf zurück, dass ein Glaube ohne die Liebe ein Missverständnis wäre. Das im St. Galler Katechismus vertretene Christentum hat eine deutliche Auswirkung auf die Lebensführung. Es wird dies immer neu eingebläut.

Besonders hervorzuheben ist (schon in der Einleitung wurde das ausgeführt),[5] dass die St. Galler Theologen zusätzlich zu den Böhmischen Brüdern, denen sie viel verdankten und die sie hoch achteten, eine politische Ethik – jedenfalls in nuce – gestalteten. Bei ihrem Nachdenken über die Obrigkeit gingen sie von Röm 13 aus. Die Obrigkeit muss dem Bösen wehren. Über Röm 13 schritten die St. Galler aber weit hinaus, indem sie betonten, dass die Obrigkeit auch das Gute fördern müsse. Und nicht nur die Pfarrer (diese natürlich auch), sondern auch die Inhaber von politischen Ämtern sind in ihrer Lebensführung zur Vorbildhaftigkeit gegenüber dem »gewöhnlichen« Volk verpflichtet.

Wenn man den St. Galler Katechismus durchgeht, fällt schon durch die typografische Gestaltung auf (grössere und fettere Lettern), dass es in der religiösen Erziehung darum geht, der nachkommenden Generation eine »eiserne Ration« auf den Lebensweg mitzugeben: Apostolikum, Deka-

---

4 Vgl. oben S. 28.
5 Vgl. oben S. 46–47.

log, Seligpreisungen und das Unservater. Indem die Seligpreisungen ebenfalls hervorgehoben wurden (wie schon bei
den Böhmischen Brüdern), versuchte man, eine einseitige
Gesetzlichkeit zu vermeiden. Insofern ist das kleine Buch
wirklich »evangelisch«.

Zum Schluss eine allgemeine Beobachtung: Wir begehen
das Lutherjubiläum. Ich halte dies für sinnvoll. Es darf nur
nicht einen protestantischen Triumphalismus zelebrieren.
Und wichtig ist: So bedeutend und einmalig Luther war und
ist, so wenig geht die Reformation auf ihn allein zurück.
Überall in Europa gab es Männer und Frauen, denen ein
Neubau der Kirche ein wichtiges Anliegen war. Die Reformation muss heute als ein polyzentrisches Geschehen dargestellt und verstanden werden. Auch die Katechismen der
Waldenser und der Böhmischen Brüder demonstrieren: Es
fing schon vor dem Jahr 1517 an. Diese Randgruppen hatten eine gewaltige Vorarbeit geleistet. Und der St. Galler
Katechismus dokumentiert (was zwar trivial ist, woran aber
dennoch gelegentlich erinnert werden muss): Es ging auch
nach 1517 – und zwar vielerorts – weiter.

So spröde der St. Galler Katechismus auf den erste Blick
wirken mag, er ist ein lesenswertes Dokument. *In einem
Wassertropfen spiegelt sich die Welt.* Wenn ich noch an einer Universität tätig wäre, würde ich eine Lehrveranstal-
tung über das unscheinbare Büchlein ins Vorlesungsver-
zeichnis aufnehmen.

St. Gallen, im Sommer 2017 Frank Jehle